LOCUS

LOCUS

LOCUS

LOCUS

Smile, please

前未來

洪啓嵩⊙著

南 魚⊙繪圖

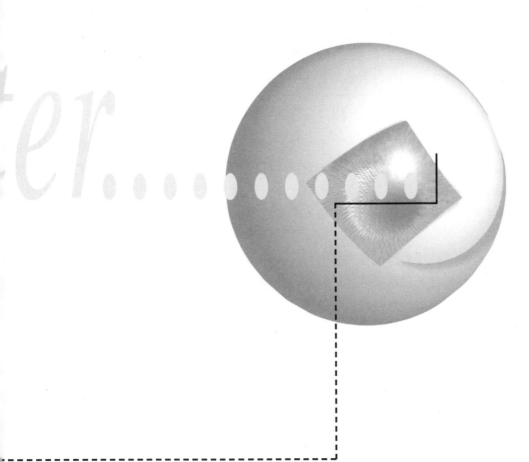

起飛在未來

　　前未來代表著自我認知的創化力，希望在即將進入二十一世紀的現在，不只擁有對二十世紀的進境，也讓我們直接有力的扣緊未來的世紀，順利的調整身心情境，在未來中起飛。

　　同樣的狀況，不同的願景，產生了完全差異的力量與心境。我們不稱二十一世紀前夕的今日為末，而直接以前未來來稱呼，是因為有著旺盛的光明力，和直接與未來世紀緊扣相連的決心，期望家共同光明的願景，創造幸福的觀點。

　　前未來緊連著二十一世前夕的今日，與二十一世紀開始的明日。在這本書中，我們點出身為生身，在這多變幻的世間中，所遭受的挑戰與超越機會。任何外在挑戰的結果，都讓我們挫折或成長是，觀察挑戰的本質，是任何一位智者所必須觀照之事。所以，我們在人類可能迷失自身存有的關刻，提出觀照生命自身的重點，來超越這個挑戰，希望能開展出人類自覺的新文明。

　　人類生命的嚴苛考驗，往往來自自身的發展，當人間不斷的發展，造成了人類創發的世間，反湮沒乃至操弄人類之時，就是人類必須再進化的關鍵時刻。而人類創進演化的緊要之處，在於人類的提昇，而以這提昇的自覺，來促進自我心境的昇華，與掌握外在的世間，使之免於失控，才是人福的正確方向。

　　生命有著根本的莊嚴，這莊嚴是來自我們承認自己是生命自身時──所伴隨而來，而這根本的莊嚴，也是我們以生命的樣態成就幸福的重要保障。或許，有人為了短期利益，而放棄了生命莊嚴持，但這樣的短線操作，不只會造成自己生命的短多長空，對整體生命的價值，都將產生無量暴跌

　　我很幸運的體悟了生命的價值，更幸運的有了觀照生命自身與緣起世間的能力。因為對於未來的可能有了些微的觀照與體悟，也理解了世間何種條件之下，將產生那些變化。因此，我所體受的幸福，必須回饋。所以，在書中我以自己的觀察，提醒了人間未來變化的線索。讓我們共同以光明的願景與無比的精進，共創人間的幸福。

　　夕陽含受了無盡的光明，等待明日的綻放，所以，印度人以落日西方，做為無盡光明的含藏之處。

　　朝陽在明日是直接光明的躍起，因為他早已將光明準備好了。從前未來到未來，期望我們擁有光明普照的力量。

前言

　　在二十一世紀的前夕，我不稱之爲世紀末，而稱爲前未來。前未來不只是前未來，也將涉入二十一世紀的未來。

　　世間是客觀的存有，但存在都有著主觀的感受。同樣的世間，因爲不同的智慧與胸懷，就產生相異的覺受，這一點我深有觀照。而當不同的心力，投入了這現前無異的世間時，未來的世間，也將因此產生了無比的差別，我們其實都在參與、觀照這樣的演化，但我認爲可以更細密觀察，清照的安住當下，抉擇未來。所以我提出了前未來的見解，來爲我們的當下，找到更安穩、有力的位置，以創造人間更幸福美好的願景。

　　生命與世間的無常，提供了我們多樣化的人生，與無比奇妙的舞台。由於這樣的不確定性，讓因緣與結果之間的關係，造成更緊密而有力的聯結。也讓我們所有的奮鬥，增加了可預期的成果。所以，無常的世間，將在我們的願景與精進當中，創造出更歡樂而奇異的未來；當然也可能會令我們在黑暗心緒與無明本能的操弄中，形爲奇怪而悲傷的世間。

　　現在，在整個人間交通網路，愈發模仿類向爲人類的內在系統的今日，我們將看到這樣的演發速度，會愈來愈快。而我們也必然須要，有著清明自覺的內心，光明有力的願景及無比精進的力量，來奔騰於X倍速的未來世界。未來是奇異的，人感覺愈渺小，但可能愈廣大，或許這就如同金剛的論調。「所謂X，即非X，是名X。」所謂大小，即非大小，是名大小。在未來，我們做一個超觀者，將會十分有趣吧！

　　這一本書，是根基於一個人，不願身處於世紀末，也不願在y2k中（電腦千禧年），成為世紀斷滅的過去幻夢者，而直接立足於前未來，在二十一世紀起始中，創造現實願景的生生不息者所產生出來的。對於未來，我並沒有決斷，因為我是一個生活者，不管在過去現在與未來任何環境中，我都能在自己的清明覺醒的心中，找到好活之道。但是，我與大家相同，當然期望，有更多人投入美好的願景與努力，共創光明的未來。畢竟壞的環境可過，但是總不如身心都舒活的淨土吧！

　　所以，基於生命的共同利益，我在已進入前未來的今日，寫下了這本書。提出一些重要而特別的觀察，希望能夠對大家、對生命、對人間地球，產生利益。使我們的未來，更合乎光明與幸福的需求，讓人類的文化，走向另一重深刻的演化，在我的心中，這些都是能夠成就的。而我的一生，也將全部投入這人間未來的創化中，我的心中充滿了愉悅與信心。

目錄

Chapter 1

Chapter 2

Chapter 3

200億年前

未知狀態

■■■ **約150億年前**
§ 大霹靂，宇宙誕生。

■■■ **約125億年前**
§ 地球所屬的銀河系
誕生。

■■■ **約46億年前**
§ 地球所屬的太陽系
誕生。有九大行星繞
行一顆太陽，以及無
數的小行星。

§ 地球排列在距離太
陽第三個的位置上，
有一顆衛星，叫月
球。

§ 地球有生命誕生。

秦剛吞併天下，爲了使自己的功業
傳之後世，他決定要更改名號。

「我叫始皇帝，後代子孫難用數目
計算，從二世、三世一直到千千萬萬
世，傳到無窮盡！」……

三十年，始皇前往碣石，派燕人盧
生訪求仙人羨門、高誓。並派韓終、侯
公、石生去專訪仙人求取不死的仙藥…

三十八年，秦始皇於巡視天下，回
程時染上疾病，因爲他討厭說死，所以
群臣也就沒人敢討論有關死的事情。始
皇的病愈來愈嚴重，七月丙寅日，始皇
死在沙丘平臺。

丞相李斯認爲皇帝死在外地，恐怕
一些公子及天下的百姓乘機造反，於是
把始皇死去的消息隱藏起來，不肯辦喪
事，將棺木放置在輼涼車中，派親信的
宦官駕車，每到一地方，依舊照常上呈
餐飯，眾臣和平常一樣上奏國事，而由
宦官從輼涼車內批改公文，只有始皇的
兒子胡亥、趙高以及五、六個親信的宦
官知道皇帝已死。

胡亥等人繼續前行，遂從井陘抵達
九泉，剛好遇上天氣熱，始皇的輼涼車
發出臭味，於是命令隨從官員，每個人
的車上裝載一石鮑魚，使人分辨不出是
什麼東西發臭…

第一章　生命未來自身

　　人類文明在近代兩百年裡，從工業革命、資本主義到帝國主義的發生，經過第一、第二次世界大戰。

　　愛因斯坦提出相對論，使我們對時間、空間的感覺變得不再那麼絕對。

　　從宇宙論中的微細物質，到電腦科技的發展，在電腦科技的發展中，我們可以看到，其中的系統有極大化與極小化的趨勢。極大成為極小，極小成為極大，這跟現在的科學發展方向有相應之處：一是朝向世界的觀察，一是對最小物質的觀察。

　　在對最大的宇宙的觀察中，觀察微小的行星，來界定這宇宙曾經發生過的事。

　　在這快速的變化中，資本主義的現代生活完全消費化，更密切地影響著我們的生活，電子銀行、紙幣的塑膠化、虛擬實境的電動玩具，強勢國家的文化，藉由媒體的包裝炒作，不斷地輸入。這種文化擴張可說是第二次帝國主義的模態。

　　這一次又一次的過程，使我們面臨進入前未來時期，對生命主體的認知變得更脆弱。

■■■**約46億**年前

§有三葉蟲、水母、
植物、魚等在海底，
接著又到陸地上發展
出動植物。

§恐龍的出現、滅亡。

■■■**500萬**年前

§人類由類人猿中分
出，演化形成人類。

■■■**400～300萬**年前

§目前已知最古老的
人類祖先阿法南猿化
石生存於此時。

■■■**20～10萬**年前

§目前已知最古老的
新人（現今人類直接
的祖先）化石生存於
此時的非洲。

Long Time Ago......

01. 驟變未來

「我為什麼是我？」

在進入前未來之際，我們生命主體是十分微脆的。

在十年前，我就已經感到人類必須再進化，而我們不妨名之為再演化，這演化是人類為了適應環境所自然形成，較沒有牽涉到價值的判斷。

為什麼人類需要再演化呢？因為我們即將面臨的世間環境，已經產生的空前變化，如空氣污染，使我們呼吸系統產生問題，臭氧層的破裂，使我們完全沒有防護地曝露在紫外線之中。都市叢林，使我們的生活環境，在某些方面成長得很快，電子資訊是最明顯的例子。

在電子時代之前，我們看到幾個過程：從人類開始有文字、壁畫、書簡的產生，其中經過長時間的演變，而進入在紙上書寫的階段，人類文明的進步就更快了。

印刷術的發明，演變的速度更快，但基本上還很穩定。從鉛版印刷到電腦排版，緊接著從機械印刷變成完全的電子化，透過網路，大量的資訊充斥，而大部份的人還來不及學習過濾的能力，反而先產生了資訊焦慮。

以前的大唱片，在忽然之間，十年前就不再生產了。這令某些老一輩的人感到徬徨，因為某些從他們出生便有的東西，忽然間完全消失了，錄音帶、CD、LD大量充斥市面，我們可以看到這其中的變化是很大的。

在影視方面的革命，第一次的大改變，是電視的產生，從黑白

▬BC3500～400

§ 以希臘的克里特島為中心的新石器文化。

§ 埃及文明。

§ 蘇美人建立城市國家。

§ 中國的仰韶文化。

▬BC586

§ 巴比倫帝國滅猶太國。

▬BC732

§ 亞述滅大馬士革王國。

▬BC873

§ 埃及採用**365**日的太陽曆。

Long Time Ago......

電視到彩色電視，到現在互動式的虛擬實境，這其中的變化愈來愈大，對我們身心的壓力也越來越甚。

以閱讀為例，古人以「學富五車」來代表一個人的博學，其實，古代五牛車的書和現代比起來是很少的，但是古人對書中的東西很熟，而且把書中的知識拿來在生活中印證，因此他們從中得到很多智慧。古代人也許資訊不足，但是他們書讀得很熟，所以他們的智慧不見得比現代人低。

現在隨手可以得到很多資訊，只是讓我們找資料很方便，但是，我們電腦、電視看得愈多，大自然的書就看得愈少，眼睛受的傷害也愈深。這是為什麼古代近視的人比現代人少的原因。

現代人聽的品質方面也不好，這不是指音響設備比不上古代，而是因為現在的環境讓我們比較不容易聽到大自然的聲音。以前夜晚很容易可以看到星星，但現在光害嚴重，能看到星空的地方也不多了。我們現在的生活環境，和以前有著極大的差異。從蠟燭到電燈，整個改變我們的生活，造成眼睛長時間使用，所受的傷害愈大，連帶的耳朵也受損了。

更糟的是，現在電視、音響愈來愈好，而且節目又多又吸引人，與人的情慾深深結合。我們看的、聽的選擇愈來愈多，但智慧卻不見得相對提昇。

資訊愈多，資訊垃圾也愈多。網路互動型的資訊大量擴張之下，加上人會有偏執性的選擇，只擷取自己喜歡的部份，所以整個人會越來越偏執，乃至都被這種偏執分割掉了。

很多人以為，越大量的資訊，使人更能掌握一切，但是，為什麼在我們接收越多資訊後，卻越看不清事實本身？這是值得深思的。

§印度文明·亞利安人入侵印度。

■■BC1500
§中國商朝。

■■BC1230
§摩西率猶太人離開。

■■BC1000
§印度《吠陀經》完成。

■■BC800
§印度種姓制度完成。

Long Time Ago......

02. 重塑生命未來自身

　　現代人的平均壽命，比起古人似乎是延長了。但這並不意味著現代人比古人健康，而是拜先進的醫療技術所賜。現代人受到的壓力愈來愈大，但身心健康條件不足，而且在未來不能有所改善的話，就好像以十八世紀的燃料，供二十一世紀太空船使用，是不可能成功的。

　　所以，在進入二十一世紀以前，如何讓生命未來存延，成了最重要的課題。重塑生命未來自身才能在巨大的洪流中，成為中流砥柱。

　　笛卡爾提出「我思故我在」，而我認為應該是：「我思故我不在」，因為我不在，所以我能夠創複自身。所以，我提出「誰是我？」、「誰是我未來自身？」的思惟。

　　當我們是可自由變身的自我，也就可以在意義當中創造自我。

　　事實存有的不實在性，能讓我們更遠離並跳脫現在的障礙。

　　以人類演化的歷史為例，過去所謂的優勢條件，往往會變成現前的障礙，在十八、十九世紀時，人類認為自己能夠征服世界，陽剛的生命型態是強者。

　　這樣的趨向，在人類的文化中本來就存在，這樣的意識轉折、整個強化西方近代陽剛的重點，在成吉思汗征服亞洲、歐洲時，這種剛強的血性被具體表現出來，並成為各國爭相模仿的對象。

　　蒙古西征之前，歐洲民族的遷移是很區域性的，但蒙古西征時期，卻是全面性的，造成歐洲民族大遷徙。

BC776

§ 第一次奧林匹克運動大會。

BC723

§ 以色列王國滅。

BC6 世紀

§ 查士丁尼法典。

BC552

§ 孔子誕生。

BC470

§ 蘇格拉底出生。

Long Time Ago......

以日本而言，他們只到受到蒙古的威脅，而光是這樣，就驚嚇了幾百年。俄羅斯甚至完全被蒙古控制。

我們可以說，在每一個世紀中，世界各民族的深層心靈，或多或少都受到蒙古的影響。這並非指蒙古是陽剛文化的根本，但它可說是一個催化者。近百年人類的心理深層背後，或許隱約朝著剛強、控制而前進，並且也有這樣的文化傾向存在。

我們可以說，蒙古西征首次造成了世界性的模仿，使人類進入了強力的侵入、控制的時代。從政治方面，到經濟、文化、社會各種層次，人類都認為：「我可以控制、佔有、改造、操弄」，結果卻造成許多的悲劇，人與自然的對立就是一個例子。

為什麼人和自然的對立會發生在近代？人和自然為什麼如此的不和諧？這當然有很多的原因，除了許多學者已經探討過的面向，我們從一個民族深層心靈層面所存在潛意識來切入，而這是以前大家所沒有談論過的關係。

我們可以把很多因素都列出來，在這當中，還可以加入一個深層的潛意識的因素。

BC466

§ 釋迦牟尼佛誕生。

BC427

§ 柏拉圖。

約**150**億年前

§ 釋迦歿，佛弟子
結集佛典。

BC384

§ 亞里斯多德。

BC370

§ 孟子。

Long Time Ago......

03. 未來／後段人世代？

在愈來愈快速的變化當中，我們發覺到一個現實，尤其是過去所依恃的優勢條件，在整個因緣的變化中，不知不覺已經變成生存的劣勢。

侏儸紀時代，恐龍是那麼強盛，然而，牠們巨大的體型，本來強盛的原因，卻也是最後造成牠們滅亡的原因。

人類是否也正踏上恐龍的後塵？

過去整個人類幾百年的強勢發展，累積了人類發展的基礎，但是近兩百年來，我們所耗用的能源，卻是早已超過了祖先們累積了幾千年所耗用的能源。

近代所發展的這兩百年，看起來是快速進步的，但是，事實上它的耗用卻是比它發展的還多，人類對整個地球的消費，遠比不上所創造的利益。

在人類的歷史上，許多科技的產生是十分中性的，它是伴隨過去的累積而發展的。但是，越來越多新科技的產生，其背後強烈的因素是什麼呢？是人類想要創造對自己有利的東西，而且用整個系統來保障自身的利益。

這樣發展的結果，會使人類誤認為什麼都是可以擁有的。在一八五二年，印第安酋長西雅圖寫給美國政府的一封信中提到：「你怎能買賣天空，買賣大地呢？」這是很有意思的一封信。

對於過去的優勢我們必須檢討，因為這樣一個以強者的姿態佔領大地，而且更進一步深入每個系統，深入到心靈、生化、生態等系統，這種強力的插入，就如同醫療中強力插入式的醫療，是具危

■■■**BC364**

§中國‧莊子出生。

■■■**BC272**

§印度‧孔雀王朝時代‧阿育王統一印度。

■■■**BC250**

§阿基米德發現浮力原理。

§張蒼、耿壽昌等整理九章算術。

■■■**BC221**

§秦始皇統一六國。

Long Time Ago......

險性的。

如果朝著這個方向下去，「後段人」世代的產生恐怕是無法避免了，「前未來」可能會變成「後段人世代」。因此，我們必須再昇華。

對於強力的佔領、操控等心態，都是我們要重新檢討的。

我們要尊重整個大地，因為它是一個生命體。

假如這塊泥土是人類寄生蟲所寄生的母體，當母體被壓殆乾之後，寄生蟲全部沒有地方可以去了，只有跟寄生母體共同死去。在此，我們人類寄生蟲，是不是應該反省一下？轉一個面向思考，了悟人類與大地乃是一共生體。

以複製人而言，人是有惰性的，他將來可能會希望由複製人身上得到廉價勞力、器官等等的東西。而在此有一個很根本的困難是，人類已不能再演化。

到目前為止，人類的演化都是著重於外在技術不斷的強化，但人生命的主體卻是不斷的萎縮，包括身心的主體，使我們必須愈來愈依賴外在科技。

「世紀末」，是指這個世紀將要結束；「後人類」，是指人類已經走向衰退了。而「前未來」，則代表著未來再創新演化的可能性。

在這裡我提出「後人類」產生的可能，這是對生命未來自身的建言，只有一個目的——為了超越後人類，「第三演化」的意義也在此。我希望所提出的是警訊，而不是預言。提出這些警訊的目的，是希望惡夢不要成眞。

我們必須把人類身心的強度提昇、昇華，才能超越人類的困局。

Long Time After......

前未來 前未來前未來

Long Time Ago......

04. 自由生命化

　　未來的生命自身，「生命的自由指數」應該更被重視。

　　我們往往在自由的「量」上下功夫，卻從未往自由的質去下功夫。現代新新人類倡言：「只要我喜歡，有什麼不可以！」但是，那個喜歡只限於：我可以做這個，我不可以做那個，而卻沒有深入到生命存有的自由量。

　　以佛教的涅槃而言，是追求絕對的生命自由量；對於一位菩薩而言則是要以如此的心靈自由量，落實到世間，使行為的自由量無限大直至圓滿；而小乘阿羅漢在現實世間的行為自由量比較低，但是他們的心靈自由量，則是完全自主。所以，我們可以將阿羅漢的自由比喻成「定點自由」，或「定點均衡」，他們在涅槃的定點之中，可以得到完整的自由。而佛陀也就是如來，則是絕對的自由，或隨意的均衡，他在任何時間、空間中，都隨時擁有廣大圓滿的自在。而菩薩則是從定點自由，追求絕對自由過程的生命。

　　自由的品質，不是外在的權力、財富、形象、知識等，而應該是慈悲、智慧、解脫自在等。我們應該試圖把屬於心靈深生命層中，正面和負面的內容都條列出來以後，才能清楚的看出我們生命自身的量和質落在何處。提出這樣的指標是期望未來生命的自由度更高，自我價值、自我肯定、自我存在的指數更高，如此一來，存活在人間也就更有味道了。透過生命自身的質量檢測，我們可以看出自己適應二十一世紀的能力有多少。如果我們能在質上面多用點心，在量上也達到一定的水準，那麼，未來的生命，肯定是更值得活了！

Long Time After......

前未來 前未 菊未 來

■■■■AD60〜100
§ 新約的四大福音
完成。

■■■■AD63
§ 羅馬尼祿迫害基
督教徒。

■■■■AD70
§ 耶路撒冷被毀

■■■■AD105
§ 蔡倫造紙。

■■■■AD110
張衡製渾天儀。

Long Time Ago.......

05. 生命介面電子化

　　現代的人際關係，產生了大量電子介面化的**趨勢**，不再像以前是人與人之間直接接觸的感通，這種趨勢造成人際關係越來越疏離、冷漠，而這個問題在未來會愈來愈嚴重。

　　人類生命中有一種很重要的特質，即是透過認知群體，也就是「他」、「他們」與「他者」，而造成自我的認知、自我的價值。「他」與「他們」，這種關係的產生，是使我們人格完整不分裂的一個很重要的指標。相反的，如果「他」與「他們」之間產生切割，被介面完全的取代，就會使人的存在虛無化。

　　隔著介面，每個人可以偽裝出另一個，甚至無數個幻想人格。這種情形在網路上尤其明顯，一個懦夫，他可以搖身一變，以超人的姿態出現，一個大男人在網路上的署名是嬌滴滴的小女生，一個平常受縛於禮教的人，在網路上可以肆無忌憚的把腦中壓抑的邪念表現出來。

　　當人與人之間不再直接感通，而被介面取代之後，所建立的人間社會與事件，它可能會使我們掉落，回到人類最原始的本能中幽闇面的反應型態。我們認知對方為人，及對自身為人的認知，將會受到極大的挑戰。當我們直接面對另一個人時，由於認知對方為人，而反回認知自身為人，於是彼此間會相互尊重以人間的軌則相互對待。但，一旦這種直接感通，被電子介面所取代，大家面對的不再是直接的生命，而是透過電子介面所虛擬的世界時，生命中的幽闇意識就肆無忌憚地渲泄而出。「反正這又不是真的！」這是許多上網者的心態，但大家卻忘了：在虛擬的電子世界中沈浸久了，

■■■■■**AD150**
§ 龍樹《大智度論》、
《中論》。

■■■■■**AD180**
§ 華陀已用茄科植
物為麻醉劑。

■■■■■**AD399**
§ 中國僧人法顯至印
度。

■■■■■**AD405**
§ 日本採用漢字。

■■■■■**AD416**
§ 奧古斯汀《三位一
體說》。

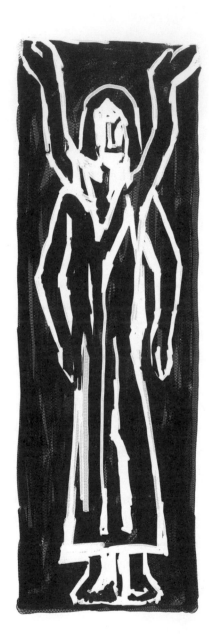

Long Time Ago......

卻不知道將對方虛擬化的結果，將反饋我們自身，自身存在的實感也漸漸模糊了。它會使未來人在生命的過程中，產生人格割裂。因此，在未來自身，「他」與「他們」之間的關係，變成很重要的一環。

電子介面所造成的人際疏離，和老子所說的：「老死不相往來」不一樣，因為雖不往來，卻還是人和人的關係。他聽到雞鳴犬吠，所以知道有人在遠遠的地方與他互通著。大量資訊的互相影響，會讓我們誤以為人是不存在的。雞犬是一個介面，它讓你知道在遠方有人；而電腦本身也是一個介面，也讓你知道網路的另一端有人，這兩者有什麼不同呢？至少，雞犬沒有開關，牠沒有預期性，不是要開要關、可以控制的，而是牠要叫，牠是有趣味性的，牠的趣味不是某人選擇控制的，而是自然的回應，是有氣、有感通的，牠是第一類的自然，而非第二類的自然。然而，電腦則是我們為它定時，設定開關機的時間，或是選擇某些畫面，在設定好的時間內重複出現，在這當中就是有不一樣的地方，也就是不能感通的問題。

電子寵物它會一直賴著主人餵食，但是狗餓了兩天，牠就會自己跑出去找東西吃，這是不同的。最重要的是牠們是與大地共同的生活，跟土地、樹木…等一起生活，在那種生活中，牠們很單純的在忙，每天看著真實的東西在生長。牠是一個單純、完整的自我生命，是與天地合在一起。然而，電子雞上沒有天，下沒有地，它是在機械中間。

人際關係的良好介面，我們必須強力地來弘揚。什麼是人際關係的良好介面呢？就是家庭、社區關係，屬於人和人的直接互動關係，這些關係必須成為未來人生命中重要的一環，否則很容易走入後人類時期，因為人不再互動，脫離了人的自身。

■■■**AD646**
§ 玄奘《大唐西域記》。

■■■**AD610**
§ 穆罕默德傳教。

■■■**AD618**
§ 建唐朝

■■■**AD622**
§ 穆罕默德逃至麥地那（聖遷，回教紀元）。

■■■**AD694**
§ 摩尼教傳至中國。

Long Time Ago......

06.　從人介面到電子介面

　　自古以來，連接人和人兩者關係接觸的介面，一向都是以人爲介面。

　　人類演化出親屬關係、宗親關係，及區域、國族的關係。這些介面向來都是屬人系介面，現在則是由人系的介面轉向電子介面，而今，我們正處在人系介面及電子介面轉換的關口。

　　現在雖然仍是以人介面爲主，但電子介面的趨勢似乎已可預見了。

　　以前人與人在一起，除了面對面交談，尚可經由寫信——手寫文字來傳遞訊息、表達情感，而寫字可以是很人氣的。

　　有了電話後，以電話聯繫起來，雖然很方便，但那種感覺就比較遠了，沒意思了，自然就更疏離；演變至今的電腦網路，更是冷硬得少有人味。在位元的世界裡，共同感覺的東西，是被設定活動的，方式與範圍也早已被限制，不再是人抒發的人氣，這些都在在淺化人感受的能力。

　　在有機的介面時代裡，人可以直接或間接看到、觸到彼此的氣息，可以感受到對方的感覺，然而這些溫柔的感覺，在電子介面時代全面來臨時，都將完全消失。人跟人的感情會比不上人跟電子的感情，人跟電子之間的親密度會超過人跟人的。

　　電子雞文化的產生，就是一次很強烈的引爆，未來電子雞是否會變成常態？甚而將人自身也變成了電子雞？生命不再真實，不再有血有肉，不過是開機關機間的一場遊戲、一場虛擬罷了。

　　人跟人關係已產生質變，我們可以預見人的價值或價值觀，或

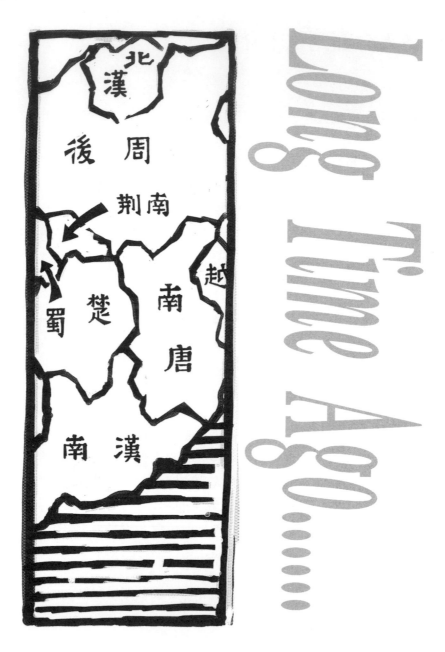

AD868

§中國木版印刷《金
剛般若波羅蜜經》。

AD907

§地球所屬的銀河系
誕生。

AD960

§中國建立宋朝。

AD1045

§畢昇發明活字
版。

AD1096

§第一次十字軍東
征。

人在別人眼中的價值都將轉變。虛擬與真實生命之間界線愈加模糊，產生多元價值的紛擾。

如果我們決定遵循人的價值，此時應認真思索：如何超越這個問題？

有些人比較喜歡人，有些人比較喜歡機器。比較喜歡人的對於現況會痛心疾首，因而產生力量，企圖將人類拉引向比較人性化的路上去。對機器順服度較大的人，就希望依此趨勢繼續發展下去。

這兩種極端會產生不同的價值觀，再加上經濟、政治、科技的力量，就會有不同的轉變，有些科技是不需為價值服務的。科技最大的目標就是不斷的發展，日新月異，用它來載舟或覆舟，端看我們抉擇人類要往那一條路行去，我們是否該重新思惟──生命是什麼？

現在，整個人間的架構基礎，至少還是以生命的價值為重，雖然每個人對生命並沒有絕對一致性的認知，還是有很大的共通性，以人類的生命為主體的基本價值觀。但是在未來人與生命的定義較模糊化，當大家都習慣了電子介面的虛擬世界，對人開始沒有存在的實感，那麼他很可能嚴重地傷害了另一個人的生命，卻沒有任何感覺，這時，人類整個的心靈結構勢必需要重整。

Long Time After......

前未來前未來前未來

AD1143

§ 阿拉伯數字傳入歐
洲。

AD1147

§ 第二次十字軍，
德、法出兵

AD1161

§ 虞允文用霹靂炮擊
敗金兵。

AD1189

§ 第三次十字軍東
征。

AD1195

§ 歐洲使用羅盤。

Long Time Ago......

07. 自覺的生活者

現代資訊濫氾，有人提出回歸簡樸的生活，提出這種方法，表示某些人對現狀已經有了反省，企圖力挽狂瀾。

簡樸生活就類似一種桃花源的生活。桃花源中根本沒有簡樸生活的問題，因為那是一種自然的生活，而簡樸生活是對資本主義的消費性社會的反彈。但問題是，你不浪費，別人也是會浪費的。也許有人會說：「如果每個人都不浪費的話，就沒有浪費的問題了。」但是，目前整個經濟制度本身就是會浪費的。

只可惜，簡樸生活仍不免受制於生活的形態，而與事實產生對立。因此，我認為根本上生命自身應先確立，再看個人選擇怎樣的生活。完全自覺的生命自身，之後每個人要如何選擇個人的生活方式，不論是過簡樸的生活或過其他型態的生活，這都可以。

簡樸的生活，不應從外相上來要求，而是一種自省自覺的生活態度，否則如果要以外相來認定，那麼衣索匹亞的人民豈不最簡樸？每一個人可以有自己喜歡的生活方式，在自覺之後，再來選擇，如此要過什麼樣的生活，皆可自我抉擇。

■■■■AD1275
§ 馬可波羅至大都。

■■■■AD1279
§ 宋亡。元接著成立。

■■■■AD1341
§ 英議會分為上、下二院。

■■■■AD1368
§ 朱元璋稱大明皇帝。

■■■■AD1406
§ 鄭和出使西洋。

Long Time Ago......

08. Max.&Min./兩極化的未來世界

　　我們可以從現在人與人的關係上，來看未來人際關係的分裂問題。分裂必定是來自關係的切割化。

　　未來的世界會變成兩人走向同時產生，一是極大化，一是極小化。在極大化方面，如：國家之間會被淡化掉，我們可以說未來是國家淡化的時代，每個人都自覺是地球人，成爲地球族同時也變成宇宙人。

　　在極小化方面，是個人自我未來生命自身的自我莊嚴，我們尊重家人，尊重社區，這時，社區生活變得很重要，我們必須建立良好的社區關係。

　　在工業革命之後，新技術讓城市成爲製造業中心，不僅聚集了大量的人口，成就資本經濟體制，但也造成許多社會問題。

　　許多有識之士爲此心憂，希望藉由城市的規劃來解決這些問題。其中最著名的是霍華德（Howard）的花園城市理念。他認爲：大型都會城市應步入歷史，而大力鼓吹興建三萬人口居住的小型花園城市，讓人們重新與自然結合，同時也能容納工業與商業，創造一個能夠超越資本主義階級衝突，並充滿合作、和諧，及人性化的社區。

　　我們可以將「花園城市」的構想，視爲「生命城市」或「生命圈」來看，它提供了一個大約三萬人的完整生活型態空間。若再擴大爲幾百萬、千萬人的生活空間，那並非好的生活環境，因爲擁擠反而會使人和人之間的關係更加疏離。這樣一個具足完整生活空間型態的空間，其與外界可以透過交通、網路全面的聯絡。由我們的家庭、社區、城市，這幾個完整生活型態組合成一個小城市，再來

■■■**AD1417**

§宗喀巴，西藏密教
黃教之祖。

■■■**AD1429**

§哥倫布航行至巴哈
馬

■■■**AD1487**

§狄亞士繞過非洲南
端的好望角。

■■■**AD1490**

§達文西製溫度
計。

■■■**AD1498**

§達文西完成「最後
晚餐」。

Long Time Ago......

組合一個大型的城市。

　　未來國族主義、民族主義，甚至國家主義的淡化是必然的，因為下層屬於個人空間擴大了，市民、人民的力量擴大，社區的力量擴大，國家權力就下放了。

　　在上層，則是整個全球態的產生。我們要讓全球免於熵化的產生，就要保有每一個小社區，保有每一個族群善的特質，並共同用這些善的特質，來參與整個地球化、宇宙化的過程。每一個個體不但同步發展，而且提供不同的美善，創造一個新的突變，從集體式的好，再反饋回來，創造另一個底層新的轉化，而非是整個平版化。

　　平版化就像第二型帝國主義一樣，像美國那樣的帝國主義，大量生產，大量消費、浪費，用媒體的操作來推出令人瘋狂的偶像，將好萊塢、麥當勞、瑪丹娜等美式文化價值觀傾銷到世界各地。

　　進入前未來，對於宇宙，我們應該有新的思惟，因為我們不斷有新的認知。當我們把自己的定位清楚了，深刻了知自身所處的時間、空間因緣條件，這樣，生命未來自身才能找到安立之處。

■■■**AD1501**

§非洲黑奴 輸入中南
美
。

■■■**AD1506**

§哥白尼著《天體運
行》。

■■■**AD1516**

§摩爾著《烏托邦》。

■■■**AD1517**

§馬丁路德在威丁堡
發表「95條論題」批
判教會。

■■■**AD1542**

§ 耶 穌 會 教 士
F.Xavier 至印度的
臥亞，**1549**年在日
本種子島傳教。

Long Time Ago......

09. 電子雞未來人

在某些國家，人們每天長時間做固定的工作，以標準訓練的姿勢微笑，標準的動作，談話的主題也一樣，看的流行書也一樣，受的訓練一樣，關心的事情也一樣；甚至週末喝酒狂歡慶祝的模式也一樣，連吐的姿勢都一致，他們的一生，就如同電子雞，被事業所飼養。

某些日本中年男性，特別是管理階層的主管，由於工作壓力太大，常發生「猝死症」。為工作死而後已並沒有錯，但這不是因為人家告訴我們：「死而後已是很光榮的」，我們才死而後已，若是這樣，自我生命抉擇的自由在何處呢？

真正能掌控自我的生命，是這一次可以選擇電子雞的生活，但是下一次我也可以選擇不要。

未來，我們所從事的行業，可能產生極大變化，這是因為引入很多新型產業所致。在未來，人自身很可能被整個產業介面介入，被產業塑造成另一種制式、統一規格的人。未來的產業，很可能讓我們真正變成產業的螺絲釘、IC，統一的規格，同樣的模態，完全沒有自主的生命。

未來，在事業的發展當中，自我生命的價值何在？這是必須深思的。

■■■**AD1543**

§哥白尼，地動說。

■■■**AD1580**

§利馬竇至澳門。

■■■**AD1590**

§伽利略發現落體原
理，**Gilbert** 發現摩
擦生電。

■■■**AD1595**

§莎士比亞著《羅密
歐與茱麗葉》。

■■■**AD1596**

§李時珍《本草綱
目》。

Long Time Ago......

10. 地球公司

地球公司，在將來很可能會成爲流行的**趨勢**，甚至監獄、政府機關也會委託民營，以電影「機器戰警」爲例，未來連警察都委託民營。

現在一切都走向財團化、資本化、公式化，將來地球政府會不會委託民營？這是我們要注意的。

從帝國主義時代到現代，傳統的帝國時代在崩解當中，獨裁國家愈來愈少，大都傾向自由化的型態。公司化比起自由國家是比較有效率的，但是它卻也是代表著新的獨裁化形象。

現在的大集團轉變成控股公司，不同於以往要完全控制某一家公司，現在，只需控制母公司，透過股權交換，就可以從以往只控制一家的情形成爲退居幕後，卻可以控制上百家公司的局面。

資本主義在過去強調自由化，而社會主義則是強調集體利益。但是資本主義發展全球化之後，釋出的反向，使得資本主義反而變成集體化，就像「地球公司」，以新加坡爲例，用效率取代民主，當人民因爲效率、便利而願意放棄自由時，就好比電子雞貪圖好的飼料，政府就有機會實行有效率的飼養，這時，不好的電子雞就被淘汰掉，人民也認爲這是合理的，雖然這可能不會發展到像希特勒以種族優越論來屠殺其他民族，但是否有相同的本質呢？

當人們著眼於網路的效率、便利時，電子化將越來越深層進入我們的生活，甚至，將來人類的存在，將完全被規格化，變成網路上的一筆資料，一旦網路資料被改變時，整個人的存在也跟著完全改觀。而人們也漸漸的從自由、隱私中退卻。

在此，我們不是反網路，而是提醒大家，在接受新的科技時，

■■■■AD1601

§ 葡萄牙人至澳門。

§ 莎士比亞著《哈姆雷特》。

■■■■AD1603

§ 日本德川家康建立江戶幕府。

■■■■AD1604

§ 荷蘭人佔澎湖，克卜勒行星法則。

■■■■AD1605

§ 賽萬提斯《唐吉訶德》。

■■■■AD1607

§ 利馬竇譯《幾何原本》。

Long Time Ago......

不能只從效率、功能等技術面著眼，因此，個人的價值在未來一定
要被提出來，個人的自由、個人的隱私一定要被尊重，尤其是面對
這樣的強烈趨勢，人不能夠貪圖好的飼料。近期大家熱烈討論的
「國民卡」，最受質疑的也是這點。種種可能會影響我們生命深層的
問題被提出後，各種不同的聲音，會使設計者與使用者重視這個問
題，產生某種程度的規範。

Long Time After......

前未來前末菊末来

AD1610

§蘭陵笑笑生，《金瓶梅》。

AD1619

§**Harvy**《血液循環論》。

AD1624

§荷蘭人佔領台灣，築熱遮蘭城。

AD1626

§西班牙人佔領雞籠（基隆）。

AD1628

§佔淡水，築多明尼哥城。

Long Time Ago......

11. 從尋找靈魂到創造靈魂

　　現在流行的「舒活族」（SOHO），在形式上，這種生活方式自由的量增加了，但是自由的質並未增加。有人選擇當一個舒活族，是因為可以到全球各處旅行，因為媒體的鼓吹，這變成他生命很重要的目標，跟著大家所認定好的自由前去。或是現在流行與別人不一樣，一定特立獨行才叫做自由，所以他才選擇舒活族，這不是本然的，也非自在的，只是想要跟別人一樣追求特別不一樣的。但是卻不知道他的不一樣，卻永遠都是一樣的。

　　要比舒活，誰也比不上土著的生活悠閒，他們根本不知緊張、壓力為何物。以南非喀拉哈里沙漠的烏奇曼人為例，他們平均每星期只要花十二到十九個小時工作便可以吃飽，生活就可以很好；坎撒尼亞的哈札人則是十四個小時。在這樣的生活中，他所吃的食物很均衡，每天在大自然中馳騁，不但身強體健，身材也保持得很好，不用去減重塑型。

　　土著他們每天都到處玩，一天只要工作幾個小時就夠了，現在我們每天要多少時間來生活？這是很有意思的。

　　人類發明很多東西來使生活更輕鬆，現在反而因為不會使用電腦而產生更多壓力。今天，我們已經遠離桃花源，也不可能再回去了，我們知道自己的處境，至少心中還有桃花源。

　　不管環境怎麼變化，我們必須存活，所以必須變化，在接受事實之外，我們還要建立新桃花源的時代。用什麼來建立桃花源？用電子，用機械。在機械當中，我們也可以讓它長出朵朵蓮花，這就是未來生命自身。

　　新人類的生活運動，我們不尋求靈魂，而是創造靈魂，創造適

━━■AD1630

§ 笛卡兒《沈思錄》。

━━■AD1633

§ 伽利略倡「地動說」而入獄。

━━■AD1637

§ 宋應星《天工開物》。
§ 笛卡兒提出《方法論》。

━━■AD1642

§ 荷蘭人將西班牙人趕出台灣。

━━■AD1643

§ Torricelli 實驗真空及氣壓。

Long Time Ago......

合未來生活的靈魂，創造未來適合身心存在的環境。這第三演化，是新人類生活運動。她沒有鮮豔的神聖性，因為真正的莊嚴，正是我們奮鬥的過程！

許多人為現在的價值觀混亂崩潰而憂心忡忡，其實，這都不足恐懼，重要的是：人類準備好了嗎？人類需要準備更強壯的心靈，才有足夠的能力進入另一個演化的層次，這是我們現在就迫切需要面對及深省的。

未來的路，有一半是從現在，甚至更早的過去就已舖設架構完成了，如果不及早警覺，人類很有可能在不知不覺間，突然被自己創造出的巨獸豢養了。

人被物化得很徹底之後，就成了可購買的，器官亦是可購買的，我們再也沒有神聖之力，連靈魂亦不過是貼上條碼的商品，浮士德不再是人類墮落的象徵。

所以，未來的第一千年，人類可能是準備來自我救贖的，否則人類將失去人類自身。

AD1644

§明亡，清入占北京。

AD1648

§Pascal測出大氣壓力。

AD1650

§鄭成功佔廈門、金門。

AD1652

§英荷爭霸海上。

AD1656

§Leeuwenhoek發現顯微鏡。

12. 試管母親

　　未來的父母和孩子之間的關係如何呢？現今「父母」這個概念對我們而言是很清楚的，但是，如果試管嬰兒在未來成為常態時，「父母」的概念會產生如何的變化呢？

　　試問：一個懷胎十月，每天感覺著母親脈動長大的孩子，跟試管裡的孩子跟她的感情會有何不同？之間的關係會如何？會不會產生質變？答案是肯定的，而且這將是革命性的改變。

　　未來，試管嬰兒可能是大家所喜歡的，「母親是女性的天職」這概念來自於防衛，自古以來一直相安無事，直至今日，才漸漸有人明目張膽的挑釁。

　　「母親天職」，這概念到底能防衛多久？十年、二十年、五十年？它能防衛得了女權的高漲嗎？男人願意懷孕嗎？有些男人願意，有些不願意。既然男人不願懷孕，女人為何要懷孕？這問題將來一定會被提出的。

　　談論到最後，女性不禁要自問：「為何要忍受生孩子的痛苦？」可預見的是，「母親是女人的天職」，這個神話有一天終究會被挑動到崩潰。我們並不排斥那天的到來，只是不禁要再問一次：到時人類準備好了嗎？

　　如果男人可以不痛苦，為什麼女人要受這種生育的痛苦呢？你能找到個理由嗎？如果硬要說女人天生要受苦，這是行不通的。

　　將來父母選擇自己想要的孩子，可不可以透過基因設定來個夢幻組合？到時，孩子是否出生，甚至孩子的相貌、性格、思惟模式，無一不是在父母控制之中，千挑百選下的傑作，再透過電腦的模擬，如電子雞般，尚未成形就已看到孩子的終老。有殘缺的精

■■■■AD1661

§鄭成功占台灣，五月改赤崁樓為承天府。

■■■■AD1683

§七月鄭克塽降清，台灣屬福建省。

■■■■AD1685

§牛頓《萬有引力》。

■■■■AD1688

§英人占（印）猛加拉。

■■■■AD1706

§康熙帝驅逐外國傳教士。

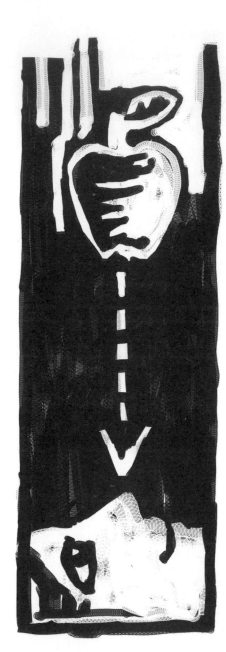

Long Time Ago......

子、卵子可否拒絕？未來的父母親根本不會再思惟這個問題。

當孩子不再是聽母親心跳長大的，非血緣關係所生，互相之間的關係就成了一個物質化的關係。就連養育的關係也是如此，因為父母需要孩子來撒嬌、來滿足被需要的感覺，得到快樂，而孩子則需要父母來養育，所以各取所需，互相依附，試管嬰兒的產生，將會使這種關係更強化，人現在的精子卵子是透過子宮試管來生育，未來是否可以透過複製的方式，來產生後代？這個想法或許經過幾個世代討論後，就會順理成章了。

一定會變成如此嗎？那也不一定，如果能找到理由證明母親一定要懷孕，就可以不發展成那個樣子。未來「父母」、「母親」、「父親」的概念會變化，這是可能的。未來怎麼改變，端看我們抉擇，如果來不及抉擇，只是被技術性催動著，也就越來越喪失自主權了。

AD1707

§ 英格蘭、蘇格蘭合併為大不列顛王國。

AD1718

§ 哈利，恆星固定運動。

AD1733

§《紅樓夢》完成。

AD1746

§ 英法戰於印度。

AD1748

§ 孟德斯鳩著《法意》，休姆著《人類悟性論》。

Long Time Ago......

13. 婚姻有沒有未來？

當婚姻的意義逐漸失去，甚至連最原始的傳宗接代意義，都能以複製人取代時……

未來夫妻的關係如何呢？

未來夫妻間的關係很可能是複合型的。

以前夫妻的關係是很簡單，隨著父權社會或母權社會，產生而形成男婚於女，女婚於男這樣的體系，因應人禍大自然的關係，實行「一夫多妻」或「一妻多夫」制。

未來的夫妻關係，可能比現今複雜得多。一夫一妻間的經濟關係如何來界定？夫妻間的政治問題、個人授權的問題，離婚問題，男女工作權、男主外女主內或男主內女主外？或第三種可能性，養育兒女的工作分配等等，都可能被提出，甚至詳細列成契約。

以往的夫妻關係是對男性有利，但現在經濟關係已經變化，有時反而是女性有利。有一位大陸姑娘到了國外，先設法跟洗碗工結婚，取得公民權利，離婚之後再跟廚師結婚，再離婚，跟老闆結婚，之後再跟更有錢的結婚，每一次離婚都把先生的財產分一半；之後再跟貴族結婚……一步一步往上爬。

過去曾熱烈討論的「女性是否可以用身體去奪取權力？」。其實，這已經是事實，道德不道德看大家的認定。而許多女性主義者，在面對這個現象時，大多出於防衛的，無條件聲援，甚至只要有其他的聲音，就被認為是傷害婦女運動。這表示在大家的思惟裡，已經固定了那種方式才是婦女運動。但是，難道婦女運動的形式只有一種嗎？難道女性主義要發展，只有這條路嗎？當然不是！大家在面對這個問題時，都太窄化了，而且慣用政治陰謀論，這對

Long Time After......

前未來 前末來前末來

■■■**AD1750**

§佛蘭克林，避雷針。

■■■**AD1755**

§地球所屬的銀河系誕生

■■■**AD1756**

§莫札特。

■■■**AD1762**

§盧梭《社會契約論》。瓦特，蒸汽機。

■■■**AD1769**

§牛痘接種（**Jenner**）

Long Time Ago......

56

女性運動是有傷害的。

　　將來的兩性關係是很有意思的，其中的夫妻關係，「結婚證書」可能會成為「婚姻契約書」的第一頁，在後面的契約中，詳細列出互相之間的婚姻存有關係、試婚的關係、工作分配、經濟分配、生幾個孩子、離婚的條件、親屬關係等等的互相約定，都成為法律上的契約。甚至，結婚一定要一男一女嗎？男人和男人，女人和女人結婚是可能的，男人和男人離婚後再和女人結婚也是可能的。人有沒有可能和電腦結婚呢？和電腦結婚是否算夫妻？彼此的關係要如何界定？法律上的辯證可能需要很長一段時期吧！「星艦迷航記」裡面有個情節，就是某個隊員後來和老型的太空船結婚，之後產生了新的宇宙生命體，一種新的生態生命──機械跟人的後代。

　　未來的婚姻，可能變化得超乎我們現在的想像。甚至，當婚姻的意義逐漸失去，相愛的人不一定需要婚姻，在經濟上也能各自獨立，連婚姻最原始的意義──傳宗接代，都能以複製人取代，那麼婚姻制度也可能會消失，連如何規範婚姻失效的詳細婚姻契約書說明都不需要了。

　　未來男女朋友的角色，可不可能完全由電腦代勞？這都是我們要思惟的。也許未來的婚姻關係可能會崩潰到像男女關係，或是靠動物式的季節性因素來促成，也有可能變成心靈性的需求因素，或是生理與心靈兩種因素，使未來的婚姻關係，可能會崩潰到變成比較不固定或鬆散的方式。

　　複製人和複製人是否可能結婚呢？有可能，但這可能有另外的發展，會發展出基因的檢查，來考核、認定。

自己想吃人，又怕被別人吃了，
都用著疑心極深的眼光，面面相覷……
……

去了這心思，放心做事走路吃飯
睡覺，何等舒服。這只是一條門檻，
一個關頭。他們可是父子兄弟夫婦朋
友師生仇敵和各不相識的人，都結成
一夥，互相勸勉，互相牽掣，死也不
肯跨過這一步。

不能想了。

四千年來時時吃人的地方，今天
才明白，我也在其中混了多年；大哥
正管著家務，妹子恰恰死了，他未必
不和在飯菜裡，暗暗給我們吃。

我未必無意中，不吃了我妹子的
幾片肉，現在也輪到我自己……

有了四千年吃人履歷的我，當初
雖然不知道、現在明白，難見真的
人！

——魯迅·（狂人日記）

第二章　生命產業

　　現代生化科技的發展動力，源於人類對長生不老的渴求。

　　「基因改造工程」、「複製人」的產生，都是建立在這個基礎之上。

　　當試想假如有一天，我們活到五百歲，身體的一切臟器全換成其他人的器官時，我還是我嗎？

　　當我的眼睛、鼻子、耳朵、嘴巴，整個頭，四肢、內臟，甚至腦，都是從四面八方移植來的，那個人，還能稱為「我」嗎？

　　也許在未來的網路商店裡，將有各式各樣的頭顱、眼睛、四肢，供你選購，這些都是各個藥廠的專利產品，我們身上的各個部位，都是被編號列管的產品。

　　人已經完全被器化，這是人類生命界有始以來最可怕的挑戰，最可怕的侵略，它不僅控制我們的生命，也入侵了我們存有自身。

　　這是連上帝也未曾擁有的權力。

　　印度的創造之神濕婆，有一個兒子是象頭人身。他是如何誕生的呢？

　　有一次，濕婆離家很長一段時間，祂的愛妃帕瓦提感到很寂寞，於是就用自己身上的污垢捏了一個人型，並賦予他生命，把他視為自己的兒子。

　　濕婆神回到家的時候，帕瓦提正在休息，他想進去，卻被這個不知名的男子阻擋。濕婆不禁怒火中燒，於是這一對互不認識的父子，就在家門口廝殺起來。

Long Time After......

前未來前未來前未來

Long Time Ago......

AD1782

§《四庫全書》完成。

§**longenhouz**發現植物的光合作用。

AD1784

§黑格爾著《歷史哲學》。

AD1787

§**Ficht**，蒸汽船。

AD1789

§法國大革命，公佈「人權宣言」。盧梭著《懺悔錄》。

AD1782

§法國採用十進位法。

　　正殺得難分難解之際，冷不防濕婆丟下一個閃電，將兒子的頭砍了下來。

　　帕瓦提一覺醒來，看見自己的兒子慘遭毒手，大哭大鬧，直逼著濕婆還她兒子。

　　濕婆無奈的答應了，便命屬下向北走，將路上第一個見到的生物之頭，砍下帶回來。部下依令而行，不久遇到一隻斷了牙的大象，便將象頭砍下來帶回。

　　於是，濕婆的兒子就以象頭人身復活了。

　　這種複合的生命軌跡，在人類的神話中比比皆是，也爲生命存在的型態，留下了更豐富的想像空間。

Long Time After......

前未來 前未來前未來

Long Time Ago......

■■■AD1793
§ **Volta**，電池。

§ 中國白蓮教亂。

■■■AD1804
§ 拿破崙稱帝。

§ 貝多芬創作《英雄》。

■■■AD1807
§ **Fulton** 發明輪船。

§ 黑格爾著《精神現象學》。

■■■AD1814
§ 史蒂文遜發明火車。

■■■AD1819
§ 叔本華著《意志與表象的世界》。

14. 生命╱所謂無限可能

　　第一隻複製羊桃莉，引發了「複製人」的熱烈討論。這不禁讓人想起「新生物」和「舊生物」的問題。新生物跟舊生物的緣起不斷的交會，這是進化或是退化？

　　何謂新生物？何謂舊生物？現在生物的存有是否和古生物變種有關？埃及的獅身人面像、希臘神話的人頭馬、密教的象頭財神等等……這種生命變化的軌跡，或許可以使近代的一些基因工程師稍微了解：複製人其實不算多麼了不起的新花樣。人類也是複合生物，我們的腦子甚至有一部分是爬蟲類的遺跡，各種複合生物在人類演化的歷史上，都留下了軌跡。

　　人類的視野應該要擴大一點，允許無邊世界、無量生命的無限可能性。

　　人類是什麼？我們不要自以為是什麼，乃至想以此操控人間、或是操控複合人的利益。

　　生命的存有，介於混沌與複雜的邊緣。由於不同的存在條件，所以混沌的發展有無邊的可能性，混沌是法界一切生命，在無明中所創造的因緣，這是屬於緣起的特質。生存的存有，有一定的因緣性，所以有緣起法則與緣生現象。而因緣的顯現有其無常性，所以宇宙不斷的以複雜的自我交替形式來展現。法界中一切萬象的產生，也是源於我執的心態，透過我執的力量，將存有的自身不斷複製。

　　混沌的存有，在複雜的因緣中顯現。因此，任何自認創新的現象，其實在廣大的宇宙中，並沒有什麼新意。生命的存有可能無邊

■■■**AD1832**

§「社會主義」一詞出現於聖西蒙主義雜誌《球》中。

■■■**AD1844**

§恩格斯《神聖家族》。

§馬克斯《政治經濟學手稿》。

§大仲馬《基督山恩仇記》。

■■■**AD1847**

§馬克斯《共產黨宣言》。

§**Helmholtz**，質量不滅定理。

■■■**AD1858**

§達爾文發表《物種起源》。

§第一條橫越大西洋的電報電纜設置成功。

■■■**AD1871**

§尼采《悲劇的誕生》。

Long Time Ago......

的廣大，隨著因緣、條件的發展，來變化顯示。其實，這根本就是無明我執，所展現無邊面貌的一部分而已。因此，我們可以用緣起法則與緣生現象，這兩者所建構的理論與事件的因緣法則來觀察一切。

我們並不反對新型態生命的產生，但是不希望它變得如此專利。在基本的生命態度裡，我們了解生命的存有型式有無限可能，所以人面獅身並不奇怪。未來有這種東西我們也不會反對，但這不代表我贊成用科技去改造性格，儘管未來這種事可能會層出不窮。

如果人類擁有了改造其他生物的技術，也不用太誇大，以為自己創造了新的生命，因為這種事情一點都不稀奇。

宇宙的生命本來就是無限的複雜，我們現在所展現出來的生命現象，不過是宇宙生命的一部分。

現在大家反對複製人的理由，有的認為它不是自然的產物，而是科技所操控下的產物。而且有錢的人才能做複製，一般人是沒辦法做的。這種技術將會資本主義化，甚至變成一種生化的戰術，使人生存的序列產生混淆。有錢人永遠不會死，但是他並不是透過生命的昇華來達到。這樣的現象將會造成更多人生命價值的扭曲。

如果有人像仙人一樣長壽，是經過身心昇華之後所達到的，是身心的品質提昇後，自然達到，這是很好的。但是，透過科技複製出來的那個是我們自己嗎？能代替我們活著嗎？

很多倫理觀念在此也會產生變化，人類還沒準備好接受它，在所有新的規範尚未產生之前，這就像蠻牛衝進瓷器店，會將人類的生活衝撞得一塌糊塗。

在此我們並非完全反對這種新的技術，而是希望它運作的腳步慢一些，在這段過渡時間，規範就會產生，大家也有時間準備，當這種技術普遍被使用時，問題會比較少。

AD1876

§ 貝爾發明電話。

AD1877

§ 愛迪生發明留聲機。

AD1879

§ 愛迪生發明電燈。

AD1888

§ 梵谷創作畫作「向日葵」。

AD1894

§ 中日甲午戰爭。

Long Time Ago.......

15. 警告/我們生命自身

　　基因修補是生物科技的一大進展。將來，甚至癌症都可以透過此來治療，更健康、更長壽的生命也是可預期的。但是，隨之而來的，是活得太長所引發的問題。當大家都活到一百多歲時，許多不同世代的人並存，價值觀將更混亂，老人政治的問題會更嚴重，年輕人更鬱悶；這都是我們迎向美麗新生活時，可能會產生的現象。

　　此外，基因的改造，被專利化、被買賣化，也是令人憂心的。但是，利之所趨，現在大家都往這方向走了，而且還弄不清楚現在是走到那裡，未來要走到那裡。提出這些預警，最大的希望是它不要實現，讓大家驚覺，就如同警戒標誌，告訴大家：如果繼續這樣走下去，前面會墜落斷崖。

　　以「生命產業」爲例，「檢測基因」這種科技，當然可以造福生命，我們甚至可以透過身心的提昇、修練，針對有問題的基因進行修補，甚至爲即將到來的太空旅行，修改成適合的基因。

　　可惜的是，這個方向目前並未發展，我們看到的是：在這個新科技問世之時，各方急欲爭奪這個利益，將生命和其他產業等同視之。

　　有多少的大藥廠，已經準備把各位的基因變成他的專利？

　　在印度有一種藥樹，具有很多功能，兩千年來印度人都在使用，後來某個藥廠把它專利化，現在印度人使用它，都要經過藥廠同意。

　　以後類似的事件會越來越多。甚至我們未來要如何處置自己，不但親人可以干涉你，連藥廠也有權利參與意見，因爲你的基因已

AD1895

§馬關條約，清朝割讓台
澎、遼東半島給日本。

§德國物理學者樂琴
(**Wilhelm Roentgen**) 發
現**X**光。

AD1900

§奧地利醫生卡爾
(**Karl Landsteiner**)
指出人的血型有**O**、**A**、
B、**AB**四種。

AD1908

§亨利‧福特以低成本
大量生產汽車，進入汽
車時代。

AD1911

§辛亥革命，隔年中華
民國成立。

AD1913

§印人泰戈爾獲諾貝爾
文學獎。
§盧森保《資本累積
論》。

Long Time Ago......

經成爲他的專利了。

目前已經有類似的案件發生，未來很可能會更嚴重，如果不提出警告是不行的。關於「生命購置」的警訊，不斷在產生，而且全球各地都在不斷發生當中，有朝一日會忽然匯聚成風潮。

大家對心靈有興趣，是因爲已經失去心靈了；大家對生命購置有興趣，最後壽命會變成很荒謬的東西。

有人問：這樣提出來，會不會反而讓大家預期那樣的結果？

不會的。因爲我提出這些現象，並不是還沒發生就先提出，事實上它已經在發生了，只是大家無法看到其中的警訊，而我指出來，並提出轉化的建議。

《前未來》所提出的主題，幾乎是到處都在發生的事情，這些事情配合資本主義龐大的財力，幾乎是無法抗衡的。所以，唯有從普羅大眾裡產生反省，才能免於被世界性的大財團控制。

台灣在自主性的方面表現得還不錯，在世界各大財團的打壓下，台灣不但成爲世界最大的電腦代工地區，而且擁有製造的技術。生物科技是下一世紀重要的產業，需要大量的資源，而美國卻不願世界各國參與，尤其是台灣，他們知道因爲台灣的策略很屬害，所以害怕台灣，乃至世界各國跟他分食利益。假如未來台灣能擁有智慧與創意的話，仔細想想，其實台灣並不小。

這些操控、獨佔的大財團，最可能產生在美國。從第一波的帝國主義：軍力、武力入侵，到當代美式的第二帝國主義——文化侵略、價值觀侵略，到現在，乃至未來的第三型帝國主義——生命侵略，美國正在蠢蠢欲動，以複製人的發展爲例，美國限制其他國家發展，只是爲了想獨佔利益。

在此，我們不該期望再造成另一個道德高尚的財團來操控人類，唯有喚起每一個人的自覺，創造自己的價值，才是究竟之道。

━━ AD1914

§第一次世界大
戰。

━━ AD1915

§愛因斯坦提出
「一般相對論」。

§芥川龍之介著
《羅生門》

━━ AD1917

§俄國大革命。
§列寧《國家與革
命》。

§佛洛依德《精神
分析學導論》。

━━ AD1919

§中國五四新文化
運動。

━━ AD1924

§史達林《列寧主
義的基礎》

人類生命科技這樣的發展，原本是中性的，就目前而言，它會走上歧途，是因為加入了人類自私的基因。這種對於「我」、「我所擁有一切」的執著，不斷的誇大，就變成思想的我執、產業的我執。

要扭轉這一切，最好的方法，是順著目前的形式，而從根本的地方產生質變。這些大財團就像龐大的恐龍，吞噬一切，我們可以稱之為「恐龍化效果」。現在我們不和它比大，而是朝反方向，讓每一個普羅大眾，每一個分子產生質變，自行共振、擴散，產生「分子化效果」。就像那句名言：只要一個創意，就可以打敗整個國家。在此，小和大產生了弔詭的異變。

Long Time After......

前未來前未來前未來

■■■**AD1925**

§希特勒《我的奮鬥》。

■■■**AD1937**

§中國對日抗戰。

■■■**AD1939**

§第二次世界大戰開始。

■■■**AD1942**

§**Openheimer**，原子彈。**1945**在美國洛杉磯實驗原子彈。

■■■**AD1945**

§希特勒自殺。

§美國在廣島投下原子彈。

§日本無條件投降。
§台灣光復。

§第二次世界大戰結束。
§聯合國成立。

16. 我的存在／你的專利？

　　當生命的存在可以複製，生命便可能被科學家、政客、商人所擁有，最有可能是被資本家所宰制。於是我們可以提出一個疑問：

　　「難道我的存在還需要某人來准許嗎？」

　　於是又會產生另一個問題：

　　「我的存在是因爲你的給予？我的存在是你的專利？」

　　而且這樣的生命專利甚至還得到法律的保障，被生化公司所擁有，或是法律不允許，開始有地下黑市的買賣。不管法律承不承認，生命的買賣會因此進行著，當父親的基因成爲某個機構的專利，那麼他的後代是否必須爲使用此專利而付費？到時，我們甚至還必須爲生命的存有納稅。

　　生命的存在化成一連串的基因排列組合，並讓別人擁有基因排列的專利所有權，你成爲他研究的東西，他可以掌握你的過去未來的身心發展，如果純爲醫學研究，問題也就小多了。

　　一旦整個社會機構有你的基因資料，保險公司得知客戶有癌症的基因而拒絕其投保，醫院拒絕爲他作醫療，甚至初生的嬰兒即由基因來檢測，而決定是否讓他活下去。或許會由基因的排列來排斥某些人，而使這些人成爲永遠被定罪的社會邊緣人。

　　更嚴重的是，生命的各種無限可能，在尚未出生之前，就被基因命定了，這代表人類無法再發展進步了。

　　這種生命專利權，可能是連上帝都會羨慕的，因為上帝從來沒有這種權利。

　　當生命成爲別人擁有的專利權時，我們的心靈也被控制了，甚

AD1946

§ 邱吉爾發表「鐵幕」演說，強調聯合反共。

AD1947

§ 印度獨立。

AD1948

§ 甘地被刺殺，其生前提倡非暴力不合作運動。

AD1949

§ 中華民國政府遷台。

§ 中共文化大革命。

§ 中共建立政權為「中華人民共和國」。

§ 西蒙波娃《第二性》。

§ 三島由紀夫《假面的告白》。

Long Time Ago......

至比奴隸更痛苦。

　　當人的主體性消失時，我們身體器官全部換成別人的，連腦袋都換作別人的，這時候，我還是我嗎？你還是你嗎？也許，在生命老化時，該捨即捨，這對自己是最好的，不要拿別人當自己來活。

　　生命專利權的產生，可以說是第三型的帝國主義。第一型的帝國主義是以武力、軍隊來殖民弱勢者。第二型的帝國主義是以巨大的文化、經濟力量，強化在弱國家身上。而第三型的帝國主義，可能就是生命被政客、資本家所操控，他們擁有更深層的霸權。

　　未來，基因的研究是否會專利化？如果答案是肯定的，那麼這將是很可怕的，因為此時生命也被產業化了。

　　在這整個世紀當中，從外在事物的專利化，直接入侵到我們的身體也被專利化。如果這種基因檢測技術，發展到在我們一出生的時候，就知道三十年後可能會得到的疾病，到時，人類將會被優生化，有「缺陷」的基因，不是在出生前就被淘汰，就是在出生後被視為「後段人」。

　　曾有報導指出　在五年之後，人類長生不老的夢想可能成真，這是透過購買器官來達成。所以，將來有錢人可以透過黑市去買到沒有錢人的生命。例如，有很多人到落後國家去尋找器官，落後國家的人民在路上被襲擊，麻醉醒來之後體內少了某個器官，因為被賣掉了。

　　但我們要問的是：當人活那麼久的時候，到底他是不是他？出現「生命購置」之後，會不會繼續產生「心靈購置」的問題呢？以後博士、學士是否也可以用買的？如果某一個大學生產某一種軟體，買了之後裝在腦內，是不是就可以成為那個學校的博士？

　　當錢可以買到一切時，致富將成為絕大部份的人生命的目標，人類一切真善美聖的美質，只會被嗤之以鼻。

AD1950

§ 韓戰爆發，分裂成
南北韓。

AD1952

§ 一隻乳牛 經由冷凍
精子受孕成功。

AD1955

§ 中美協防條約。

§ 愛因斯坦過世。

AD1957

§ 蘇俄發射人造衛
星。

AD1959

§ 達賴喇嘛逃亡。

§ 中共舉兵進入西
藏。

17. 贖回身心自主權

　　地球公司化，是一種資本主義新型態的發展。

　　整個地球主義，透過資本主義跟媒體的結合做第二類型的文化，思惟、生活形式或是美國價值的輸出；第二類型的帝國主義是屬於價值的輸出；它透過媒體，透過強烈的資本告訴你：怎樣的生活方式才是對的，怎樣的生活才是好的。它成功的改變了大部分人的思想及生活形式。

　　第三型帝國主義則是透過生命產業，及地球的公司化；衍生成新的型態。

　　要對抗這種新型態的帝國主義，最重要的是找到未來生命自身的價值。在未來，我們要更清楚自身的價值，家庭的價值，以及社區價值。

　　第三型的帝國主義透過網路、強力的媒體來侵入我們的生活，甚至透過專利權利來傳播、控制。

　　在此，網路的普及、傳媒的強大力量已經是無法抵擋的，我們也不用妄想回到古人老死不相往來的環境。只有勇往直前，提出生命價值，來激起每個人的思惟，透過這些網路、傳媒來反輸入。就如同佛經裡的比喻：在混濁的水中，投入月精珠，所有的污水就變成了甘露。

　　如果大家決定走向有效率性的，會捨棄自身許多自由的權利，這是價值的抉擇，這可能是很多人要的，但不是我們要的。

　　我們不會乖乖地束縛在這樣有效率的公司之下；因為效率不是生命的意義，生命的意義是生命自身；絕對不是為了有效率而將生

▰▰▰AD1966

§中共文化大革
命。

▰▰▰AD1969

§人類首次登陸月
球。

▰▰▰AD1970

§光學科技之光學纖
維問世，傳送大量資
訊
。

▰▰▰AD1971

§科學家發現第一個
黑洞。

▰▰▰AD1975

§第一台個人電腦於
美國問世。

Long Time Ago......

命自身放棄。

　　每一個人生命的自我價值產生之後，全體不再只是數字的增減，而是每一個人加總的群體；是每一個人自我意識加總的全體。再也沒有人能透過一種公司化的組織，透過一種專利權來控制我的生命。讓每一個人參與社會，各取所需，各盡所能，每個人都能自由自在的生活，這是全體生命內在的覺醒。

　　如此一來，即使未來眞的有「地球公司」，它也是由所有的地球人民持股，而不是某幾個財團控股。每一個人都可以宣揚自己的理想，讓大家經過抉擇後而願意接受，而不是暗中控制大家。

　　在現代，財團控股的**趨勢**似乎是無法避免的。因此，在這樣的基礎上，我們提出「全民股權平均」；讓每一個人都有權利，不要讓它僵化了，一定要堅持隨時隨地提供每一個人心靈自主權，讓每一個人決斷自由。

　　當少數人想做黑盒子，來操弄整個人類的發展時，這時要喚醒大家，不受操弄。在此，我們千萬不要妄想追尋另外一個最完美無瑕的控制強權，只有喚醒大家，讓每個人都有抉擇的智慧，如此才能否決掉傷害生命的方向。我們提出眞誠的建議，但從未想替他人決定，事實上也是不可能替他人的生命做決定的。

　　相對於財團的發展，工會的力量也會發展，民眾和政府要怎麼設計制衡的制度等，我的意見可能提供一些看法，但這些不是主體，根本的大方向提出來之後，細密的枝葉就留給專家來設計。

　　《前未來》提出的建言，是要喚醒每一個人自覺爲人的價值，讓每個人自己去抉擇要什麼，不要什麼。

　　這種自由的抉擇可能選到不好的，甚至這種抉擇可能被利用；但我們不該因此而輕易的放棄生命的自主權，因爲這樣的挫折就退縮了。我們該擔心的是，自己可能做了一件對的事情，但並非自己

━━━AD1976

§太空船維京一號和
二號（**Viking 1** &**2**）
登陸火星。

━━━AD1978

§英國出現第一個在
試管中受精成功的女
嬰。

━━━AD1981

§美國發射人類史上
第一架太空梭。

━━━AD1989

§天安門事件。

§柏林圍牆倒塌。

§伊波拉病毒**(Ebola
Uirus)**引發危險出血
熱，造成美國人民恐
慌。原因是檢測人員
從暴斃的獼猴屍體
上，檢測出一種「疑
似伊波拉的猴子費拉
病毒**(filovirus)**」所
致。

的抉擇，而是在別人的控制下去做的。這樣，盡管做對一件事或兩件事，但永遠是在別人的操控之下，連判斷自己做對做錯的能力都沒有。

　　一個有自覺的人，他可能做錯一件事情，但下次會做對的機率高些。在這裡，我提出「自覺的生命」，希望每一個人要自覺，不管自覺之後選擇的結果如何不相同，在某些觀點裡不見得是對或錯，因為他生命的自覺是正確抉擇的第一步，也是最重要的一步。

比干曰：「心是何物？」

紂王曰：「乃皇叔腹內之心。」

比干怒奏曰：「心者，一身之
王，隱於肺內，坐六葉兩耳之中，
百惡無侵，一侵即死。心正手足
正，心不正則手足不正。心乃萬物
之靈苗，四象變化之根本，吾心有
傷，豈有生路？…」

解帶現軀，將劍往臍中刺入，
將腹剖開，其血不流。比干將手入
腹內摘心而出，望下一擲，掩袍不
語，面似淡金，逕下臺去了……

比干不語，百官迎上前來，比
干低首速行，面如金紙，竟過九龍
橋去出午門。常隨見比干出來，將
馬伺候。比干上馬，往北門去了…
…

且說比干走馬如飛，只聞得風
響之聲，約在七里之遙，只聽得路
旁有一婦人，手提筐籃，叫賣無心
菜。比干忽聽得，勒馬問曰：「怎
麼是無心菜？」

婦人曰：「民婦賣的是無心
菜。」

比干曰：「人若是無心如何？」

婦人曰：「人若無心即死。」
比干大叫一聲，撞下馬來，一腔熱
血濺塵埃。

《封神榜》·二十六、二十七回

第三章　　失去靈魂的未來人

　　（德山宣鑑）初到澧州，路上見一婆子賣油糍，遂放下疏鈔，且買點心吃。

　　婆云：「所載者是什麼？」

　　德山云：「《金剛經疏鈔》。」

　　婆云：「我有一問，你若答得，布施油糍作點心；若答不得，別處買去！」

　　德山云：「但問。」

　　婆云：「《金剛經》云：『過去心不可得，現在心不可得，未來心不可得』，未審上座欲點那個心？」山無語。

　　婆遂指令去參龍潭。

——《碧嚴集》四

━━━AD1997

§ 中共領導人鄧小平
病逝北京。

§ 於台灣絕跡**80**年的
豬隻口蹄疫再度爆
發，使台灣被列為疫
區。

§ 本世紀最大慧星
「海爾‧鮑普」與日全
食同時出現。

§ 聯合國宣佈，「全
面禁止化學武器公約」
正式生效。

§ **20**個歐洲國家簽署
「人權及生物醫學協
定」，成為一管制人
類基因工程及無性生
殖之研究的國際公
約，禁止複製人類胚
胎供研究之用，也禁
止人體或器官的買
賣。

Long Time Ago......

18. 虛擬未來

　　前一陣子，飼養電子雞的風潮襲捲校園，許多孩子養得很起勁，更為了它的死傷心不已。電子雞文化的出現，代表了人間卡通化的現象。什麼是卡通化呢？就是人和外在事物的關係，增加了許多介面，使人和真實事物中間的線愈來愈淡，真實和虛幻之間已經越來越模糊。就像卡通的世界和網路的世界，人們慢慢已經搞不清是真實還是虛擬的世界。

　　以漫畫為例，剛開始漫畫是以人為主體，以簡單的圖畫，來呈現人的生活，和真實的生活有著很大的交集。但是現在充斥在市面的漫畫卻不再如此，而是恣意地構畫出人類心靈中黑暗的一面，遠離了我們現實的生活，甚至這種誇大、簡化的虛擬世界，反過來影響著真實的人生，使真實虛擬化。

　　卡通化，就是分割的、割裂的、規格化、簡單化，是虛擬真實化，真實卻反而遠離生命，雖然這真實也是無始無明之虛妄。

　　日本奧姆真理教教主麻原彰晃，就是典型的例子。他從小看科技漫畫長大，分不清虛擬和真實之間的差別，甚至想以漫畫中的方式，來建構和漫畫中相同的世界。

　　並不是所有看科技漫畫的孩子都會如此，但是麻原彰晃及其教徒的例子，更加提醒我們正視這個問題。

　　電腦創造出來的卡通化人物有可能進步到像人一樣嗎？

　　其實，它進不進步到像人一樣已經不重要了，而且它不需要進步到跟人一樣，就已經影響到人的思惟。當人們和雞的關係脫離，而以電子雞來代替時，到一定程度就會以為電子雞是真的了！所以

━━━━AD1997

§IBM深藍計畫電腦，與棋王卡斯帕洛夫對奕獲勝。「電腦是否可以超越、代替人腦」成為最新話題。

§NASA「火星探路者」登陸火星。

§連續3個月大雨，德國、波蘭及捷克邊境河流暴漲，汪洋一片，造成14萬人無家可歸。

§參加挪威奧斯陸地雷會議的各國代表，正式通過禁用地雷條約。

§印尼森林大火引發霾污染，擴及泰國。

Long Time Ago......

將來人們可能把電子雞當作眞的雞。

這樣的發展有什麼影響呢？我們不用問別人，只要問自己：「我喜歡這樣的生活嗎？」如果每個人都執意如此，那麼未來就照這樣子的方式走了。如果第一虛幻是人沈淪於無明而存有，那麼把電子雞當做眞的雞，則可說是第二虛幻。第一重月是虛幻，第二重月也是虛幻。

第一虛幻是無始無明，妄立「我」及「我所」，即主體與所相對的客體。就覺悟者言，我們所識所見所執皆是虛幻，沒有正確的知見。而第二虛幻則是在這些虛幻之中又另造出虛幻出來，也就是生命被卡通化，被割裂，被規格化，生命與生命之間，乃至與週遭的環境之關係，產生許多介面，並以介面爲眞實。

其實，這兩個都是虛幻的，我只是告訴大家照這樣發展下去，未來會如何。問題要怎麼解決呢？我提出的解決是根本的解決方式：告訴大家實相，讓大家在實相中認知。了解認知後，應該如何做，就是這個時代大家共同的抉擇。

對於世界的抉擇，每個人由於因緣的差異，而有所不同。或許有些人喜歡陽剛肅穆的世界，有人喜歡溫柔婉約的世界。有些人喜歡金璧繁華的國土，有些則樂居於清靈空明的氣氛；這完全取決於個人的生命傾向。但除此之外，同樣的境界或世界，也往往因爲每個人的生命特質差異，而產生不同的感受。

譬如像「地獄」這種地方，除了心中極爲瞋忿的人；或大菩薩之外，應該很少有人願意去的，但假如要去這種地方，我們可能發覺，即使去這同樣的一個地方，對有些人來講，所謂的地獄即是痛苦的地獄，但對有些人來講卻不盡然是。因爲他所以覺得這是地獄，最主要是因爲他心中的分別，在分別這世界好或不好，所以產生地獄的差別境界，如果對於超越差別境界的人，或心中另有強烈

Long Time After......

前未來前未來

━━■AD1998

§ 美國展開「火星測量者計畫」，持續調查火星氣候。

§ 日本預定發射「行星**B**」調查火星的超高層大氣。

§ 獅子座流星雨盛大光臨，但大家似乎被開了一次小玩笑。

━━■AD1998

§ 本世紀最後一次日全蝕。

━━■AD2000

§ 電腦千禧年（**Y2K**）。

━━■AD2002

§ 國際太空站完成。太空人能在其中從事太空的實驗和新技術開發。

Long Time After......

心理異相的人，卻不盡然如此了。

我們知道，從比較圓滿的世界，而到條件較差的世界，需要心靈的調適。因為不同世界的身心境界衝突會很大的。但如果我們以佛教的菩薩來做調和這種衝突的典範，就極為適宜。因為菩薩常從理想世界前往較惡劣的國土，而他們化解兩個世界的衝突，基本上是以般若來把這些差距等化，這就是以空的智慧，使我們對一切的境界不再執著，所以不再有困惑衝突。

如果有徹見的智慧，就能了知：其實有現象之間的境界差別是不存在的，這種如幻的現觀，可以超過一切現象的差別。再者，菩薩是運用他的慈悲心，因為大慈悲心，使他安住在跟他自身生命境界相差很大的世界中，而甘之若飴，並且更願意在那裡永遠的救度眾生。他能安住菩提心不動，安住在此世界中，救度眾生的心不動。基本上，這就是法忍的境界，法忍不是一般的忍耐，而是安住於法而不動，安住在智慧而不動的無生法忍境界。

在我們的世界裡面，生命會有些需求及不滿足等等，這些情緒感受對一個菩薩行者而言，只是在當時說明出來的，而不是本質上的，因為他講過就算了，心中不會再累積著，他還是持續在這世界裡面，為這世間努力。所以，我們對未來就是以這樣子的心態。萬一，我們未來世界真的變得很糟，我們也就坦然接受。之後呢？還是犧牲奮鬥，和現在沒什麼兩樣。

只是我們習慣了目前的生活，是不是也會習慣未來的生活？先不要談到它好或壞，光是習慣就是另外一種思惟。近五十、一百年來的人類，我們的生活條件、外在條件都愈來愈好。但是很大的問題在於：大部份的人都不滿足。此外，現代人的身心強度，沒有辦法習慣這麼快速的變遷，而在極短的時間內做調適。當我們進到另外一個世紀，我們可能也會不能習慣，所以趁現在把不好的地方，

Long Time After......

前未來<del>前未來前未來</del>

■■■■AD2003

§火星大接近，視直徑**25.11**秒。

■■■■AD2050

§火星環境地球化改造計畫「**Terra Forming**」第二階段－由人類進行火星生命和資源探測，並設立「地球－太空站－火星」之間的安全飛行系統。

在徵兆初顯時，就先設計好，讓我們走向比較歡喜和樂的境界。萬一，未來和我們想像的不一樣，是較好或較差，或是和我們想像的一樣，這都沒關係，不論如何，我們還是在人間繼續努力奮鬥。

Long Time After......
前未來 前未來前未來

▬▬▬AD2100

§ 在火星上正式建設
具閉鎖型生態系統的
大規模居住基地，準
備定居火星。

§ 在出生前即被檢測
出基因有缺陷的胚
胎，被非法大量複
製。不少大財團也因
涉嫌投資以取得廉價
勞工，而遭起訴。

19. 世界眞卡通

　　現代的社會，環境變動愈來愈快；主流的價值很快的崩潰，乃至被取代。

　　這種誇大和快速的事件轉換，會讓人忽略了完整的生命自身，就像跳接的鏡頭，而誤以爲生命只有那些事件。就像漫畫一樣，被誇大，被切割，這種趣向，我們稱之爲「卡通化」。

　　因爲環境的變化太大，就像瀑布，由於上下的位差太大了，所以濺出來的水就四處飛迸，方向各各不同。而以前的環境變化較緩和，就像長江、黃河那樣的推動，它的位差和流速在某一段時間內是很少很慢的，雖是流動著，卻很平緩。所以以往的主流思想會鞏固得比較久一點，傳統也比較鞏固。

　　而現在主流思想的存在愈來愈虛幻，可能只有存在三年、五年而已，可以隨時變換，但層出不窮的新事物，眞的是多創新嗎？也不盡然，因爲只要把舊的拆一拆又包裝一下，又變成另一套；也因此很多老舊的思想，快速的彙整後又成爲主流，而這些主流通過一段時間又變化掉了，所以主流價值本身是很變化不拘的。早期，許多基本價值觀即使很分衆，但是他們彼此之間至少是可以協調的，可以對話的。然而現在的情形卻不是如此，堅持不同立場的人，在來不及對話以前，就跳到另一邊去了，這種快速的變換，讓人不知所措。

　　然而，這看似瞬息萬變，令人眼花撩亂的變化，其實在本質上還是有跡可循的，而這個主流，幾乎不曾變過。即使是每一個人都自以爲是自主的選擇，實際上卻受著操控而不自知。

▬▬AD2100

§基因工程重大突
破--透過基因修補,
許多遺傳疾病不再成
為下一代的陰影,對
品質惡化的環境也有
較高的免疫能力。

§智慧型高速公路產
生,上車時只要輸入
目的地,中央導引系
統就會使人快速到達
目的地,駕駛人就像
公車乘客一樣,什麼
都不必做。當然,只
要中央電腦不當機的
話—— 《未來城》

Long Time After......

　　很多人很崇拜麥克‧傑克森、安室奈美惠等等影歌星偶像；其實這跟以前古人迷皇帝，或是崇拜英雄的道理是一樣，心態都相同，只是對象和口號、表現方法不一樣而已。

　　此外，以前對同一個對象著迷的時間比較長，而現在卻是跳來跳去，一個偶像很容易被忘記。再加上媒體炒作，更是極度的熱衷，也極快速的變化。

　　現在的世界就好像一部商業電影一樣，從頭到尾都很緊湊，速度很快，不管它內容的邏輯是如何不合理，大家還是看得很高興。就像漫畫的跳躍方式，一個鏡頭接一個鏡頭的表現方式，或許其中的關聯性並沒有多麼緊密，但就是從頭到尾緊張到底，這也造成我們腦部比較長期性的邏輯思考退化的原因之一，實與虛、真與假，在此已經比較不鞏固了。

　　以前我們一旦相信一個東西是真的，雖然這東西真的可能是假的，還得要透過一段很長的時間才能相信它是假的。現在真與假變換很快，真的一下子變假的，假的一下子變真的，這樣跳躍的結果，真和假的界線模糊了，心的穩定性降低了，人生命的本質也會被切割。

　　人和漫畫是有相似之處，但人和漫畫畢竟是不一樣的。漫畫誇大化的結果，使人和漫畫的相似性淡化了，而漫畫強烈誇大表現心靈的幽闇面，反而使人們受影響，甚至以為人真的是如同漫畫那樣而已。他們會忘記：人需要每天吃飯、睡覺。

　　以媒體報導政治人物為例，報紙報導李總統的生活，似乎除了吃鮑魚、打高爾夫球之外，就是搞政治；柯林頓就是一天到晚鬧緋聞。

　　媒體讓我們以為明星似乎一天到晚都在唱歌、談戀愛，鬧花邊新聞，不用吃飯上廁所，人都被切割得很奇怪，我們一天到晚接受

Long Time After......

前未來

▬▬▬▬ AD2150

§ 「試管中心」是個
新興的行業，有人喜
歡以懷孕 來傳宗 接
代，但也有人寧願讓
試管中心代勞。

的訊息都是這些片段，不斷重複，於是我們誤以為他們所有的生活就是如此了，反而對自己平淡的生活起了懷疑。

電子雞也是同樣的道理，因為人們在都市中很少看到真的雞，只吃過雞肉，所以看到電子雞就把它當成真雞，有朝一日遇到真的雞，可能會不知所措。曾經有一個笑話：香港的賭馬很風行，都市的小孩只看過馬，到鄉下看到牛，便大叫「馬！」其實馬、牛都是人命名的，所以他叫牠馬，也確是長角的馬。

現在很多人每天在網路上來來回回，有時候是用虛擬的姓名去上網路，在網路上成為另外一個角色，久而久之，可能都會懷疑自己到底是何者。這種改變很傷感，因為它把如幻的人操作成虛幻的我，使原有生命存在的價值崩解掉。

在網路上，每天有成千成萬的人在上網，甚至是幾億人，每天大量投入意識，製造虛擬人格，每一個人在網路上可以塑造另一不同個性或性別的人，每天有無數的網友為這些虛幻的人，賦與不同的思惟，或許有一天網路吸收大量能量，而產生另一種集體的大意識；產生很多人出來；因為我們一個人就是很多人。另外一個很多人又成為另外一個人的生命，或者另外一個很多生命的一個生命。

其實，一個人就是很多人，很多人也可以是一個人。

像我們在做決策時，同時也是很多人也在做決策。這不只是指受很多人影響，而是你的「很多人」受很多人影響，不是你「一個人」受很多人影響。你一個人受很多人影響可以弄得很清楚，但是它是你的很多人受很多人影響。

我們那麼肯定自己是一個嗎？基本上，一個人代表自身的一個人是沒有太大意義的；因為一個人可能是很多人，這很多人可能有時候是多的人，有時候是少的人。

所以，我們的身體裡面每天在選舉，每個剎那都有投票。因

Long Time After......

前未來前未來前未來

▬▬▬ AD2200

§人口密度迅速增高，使都市超摩天大樓林立，辦公室、學校、超市、體育館、戲院…一切生活都在幾棟相接的超摩天大樓中，一年難得有一天踏出戶外——《未來城》

§ **5000** 個地球人定居火星。

Long Time After......

此，我們要了解自己身心的真實現象，加以適當的統合，才不會在錯誤認知自身的狀況下，一開始就走向了錯謬的途徑。

　　要真實認知自我的人，請先行認知自己的很多人，傾聽自己很多人的心聲，再整合出真正的自我，如此，生命將會展現出前所未有的境界。

███████**AD2250**

§「出國觀光」不再
需要，因為生物甲板
可以隨著每個生命心
中所喜歡的風景，顯
現出各國，乃至各星
球的風光。許多外星
人常在此一解思鄉病
——《星艦迷航記》

Long Time After......

20. 販賣青春

最近，媒體報導越來越多年輕的孩子，利用暑期下海打工，自願賣春賺取零用錢，引起各界震驚。

他們甚至問記者：「自食其力有什麼不對嗎？」

這些孩子為了金錢而從事特種行業，以往的道德觀念已經崩潰了，他們認為那一套並不需要。

這些是他們自己要的，他們說他們可以為自己負責。

在此，我們看不到生命的莊嚴，雖然他們能夠賺到很多錢，能開名車，打扮光鮮，躋身另一種上流社會。

其實，生命的價值是虛妄的，我們並沒有一成不變的生命的價值與生命的尊嚴，我甚至不認為別人比他們還有尊嚴，但我絕不會因此而同意他們的想法與做法。

因為這是一種交易，這種販賣自己身體的交易，一定會影響他們對生命自身的價值判斷，讓他們走向對自己的不尊重。生命的莊嚴是從自我的尊重產生，而不是他人給予的，是自己創造的。

他們對自我，對自己的身體、心靈沒有尊重，這樣能說是為自己負責嗎？

試問：一個老男人或滿口酒臭的男人，誰喜歡讓他們碰？一個喝醉酒的人，陌生的人，誰喜歡他們在自己身上亂摸？

也許有人會問：「其他工作還不是買賣，只是賣的東西不同罷了！」沒錯，重點是，沒有一種工作是需要把自己的身體賣出去的。這樣的結果，為了錢，他可以讓討厭的人侵入他的身體，這是賣掉自己，而不是販賣某種東西，這是對他身體存有的自身，對身

§ 從極樂世界最新引進的三溫暖海洋供不應求。馬爾地夫般清澈晶藍的海水，不但有治療生理疾病的功效，更可以做深度的心靈治療，開啟美、善的生命潛能。許多孤獨空虛的人常徜徉其中，他們安心的在水中熟睡，因為海水會體貼的自動調整水位和水溫，宛如慈母的雙手般，溫柔撫慰每一個疲憊的生命──

── 〈〈阿彌陀經〉〉

Long Time After......

心存有自身的一種販賣。

販賣一定不尊嚴嗎？

其實，販賣並不一定是尊嚴或不尊嚴，但我們可能認爲是不尊嚴。這取決於他們個人，雖大家認爲不尊嚴，他們不一定這樣認爲。所以尊不尊嚴對他來說是無效的。

人部分這樣做的孩子，他販賣自身身體及心靈，這種行爲幾乎很少有正當性及尊嚴性。而因爲青春這東西較難買到，較稀有，所以價值高，就可以賣到好價錢。於是，賣到最後，他們會習慣，之後他對自身就沒有眞實的感覺了。這會使他對生命中的人生價值，愛情、理想的生活等等，乃至對生命的尊重等，都會自然消失掉，爲了追尋生命的享樂，可以賣掉自己　。

這些孩子有一種共通點，他們的意識很容易被催眠，沒有自主性，他可以爲了想開賓士而賣掉自己，只因爲人家告訴他：開這種車子才顯得酷。他們是最容易接受廣告、流行洗腦的族群。

他們的生命可能沒有光明，因爲他們並不認爲生命的光明有什麼價值可言。即使週遭的人責罵他，他也可以嗤之以鼻。這些孩子，口口聲聲說要對自己負責，其實，他們哪裡做到了呢？最基本的，對自己身心的愛護，在合理的範圍內不受侵害，這才能說是爲自己負責。但是，他們卻那麼輕易的，爲了眼前的享樂，甚至不是爲了生存，讓別人來侵入自己的身心。

Long Time After......

前末來前末來

■■■2萬8千年後

§ 慧星群湧向地球。

■■■50億年後

§ 太陽變成紅巨星，
吞噬水星、金星和地
球。

Long Time After......

21. 被侵略的心靈

也許有人會問：同樣是為了錢，難道從事其他工作就比較高尚嗎？

我們要注意兩者的不同，在選擇工作時，有些人可能是真的喜歡自己的工作，有的人可能為了某種原因，可能有些埋怨，但也暫時忍耐地做下去。

為了錢而工作的人很多，但是沒有一個行業是為了錢而去賣身體。我們可以喜歡這工作、或不喜歡這工作，有些人雖不喜歡這種工作，但是至少生命的內涵還是掌握在自己手中。然而許多自願去當公主、少爺的青少年，他的生命是放棄自主而被侵略了，不是為了自我或他人的生命生存，而是為了物質享受，他們的身體就被侵略了，他們的心靈也被侵略了。

這和被賣入火坑的孩子不同，有些人真的是不得已的，她們的心靈比較可能還有光明的想望。但是，很多孩子都坦誠：是因為這樣比較容易賺錢才下海的，當他有這種想法時，他的心靈就被侵略了，說明白一些，他們的身心準備隨時被強暴。因為他已心理建設好了！為了享受，把自己生命拿出來販賣並沒有什麼不對。

在出賣身體的同時，必定也出賣了心靈。一般人工作，出賣體力、腦力，這些附屬的東西，儘管別人罵我，但不會污辱到我們自身的人格。但是如果現在我在這裡，不是為了生存，或其他不得已的理由，只是為了享樂，而把身體隨便讓人使用，明明是很厭惡的人，為了錢卻可以讓他隨意使用你的身體，這樣的心靈難道不是自己被出賣了？生命沒有尊嚴，並不是指「販賣」這種形式，而看你

Long Time After......

前未來 前未來前未來

■■■■56億7千萬年後

§地球人類身形進化得非常巨大，廿世紀人類的衣服，連他們一根小指頭都蓋不滿，當時的人壽命八萬四千歲，女子五百歲時才出嫁。這時的人類**EQ**也有相當程度的提昇，各種慾望都很淡薄，也不容易產生憤怒、妒嫉、沮喪等負面情緒。此時的資源也遠超過人們所需求的，而形成一個富足無爭的時代——

〈〈彌勒下生經〉〉

賣的是什麼。為了自我享樂而賣春，這是直接被侵入的方式，是很直接的自我販賣。

以販賣知識而言，它是一種喜稅，因為我的知識，我的學習，能夠提供出來幫助別人，使別人可以得到，可以使用，而我自身生活也可獲得安穩，這是很好的事。而且知識不會使用一次就減少一次，反而會因為這種互動而使知識更充足，更增長。

我們說「賣春」，事實上，這些孩子的確在販賣青春，他把自己的生命賣掉了。同時因為賣生命的價值較高些，因此他能賺很多錢，這是很令人心痛的。

Long Time After......

前未來前末末前末來

- **10京(1兆的10萬倍)年後**
  § 太陽系解體...

- **AD100京年後**
  § 銀河系將被巨大的黑洞吞噬，宇宙中將不再有群星閃爍。

- **1京X1京年後**
  § 黑暗的宇宙再放光明。

22. 生命最後的莊嚴

　　二十一世紀面臨一個危機，是生命莊嚴的消失，我們的生命將被切割，變成可販賣的。

　　我們的生命被資本化了，資本化裡面有被專利化的現象，被重重專利化、規格化、量化，變成數字中的考量，我們會以數字來規格良心、同情心，例如：多少人的死亡對我們而言才是值得同情的？

　　這是未來的一個主題，也是一種可能的傾向，我們現在做的是悍衛生命的莊嚴。雖然生命它本身是虛幻，但是至少它只是存有自身的虛幻，我們可以稱之為第一虛幻。

　　在此我們要追尋的是每一個生命的整體存有，要傾聽生命內在的聲音，生命的莊嚴是不可以被交易的。

　　活在現代的年輕人，一出生即是這樣的世界，他們認為生命就是如此，毋需改變，也許他們對靈魂也沒有興趣。

　　生命的莊嚴是什麼？生命莊嚴是一種自主的心情，沒有鮮豔的神聖性，而是伴隨我們本身對自身的尊重，而是存有本身之尊重。所以當我們尊重自己生命存有的時候，同時也會尊重其他生命的存有，我們在做任何抉擇時就會很小心，去尊重每一個生命的存在。

　　生命不是什麼「東西」，但當被物化成「什麼東西」的時候就有問題了。生命的尊重是存有的時候，伴隨存有的一種尊重，並藉由這種尊重，所顯現的一種莊嚴。

　　規格化是會被氾濫的，可以被複製的，它可以無止盡的製造對自己有利的生命，生命不再是獨一無二，如此一來怎麼會得到尊重

呢？

　　人類進化的正途應該是創造，而非複製。也許複雜的生化技術是我們所不了解的，我們提出的是一種態度，但是它會趨使人們往那個方向走，卻是可以預見的。

　　我們提出這樣的看法，可能會有很多科技專家會說：「你又不了解複製人的科技，怎能知道這一定會有不好的影響？」我們的確不了解複雜的生化科技，但是這就像假如有人把山那麼大的東西，擺在道路中央時，我們並不需要專業的交通知識，也能知道那就是阻礙交通，所以我們可以要求放的人把它搬走。

　　他或許不曉得那些東西會造成什麼後果，但我們知道。所以，我們並不需要了解複製的科學程序，但這塊石頭太大了，擺在生命的道路中央，影響了我們大家，所以我們要求要搬走。

　　我們要悍衛生命的莊嚴，不能讓各種虛幻來取代我們的生命中樞，要讓每個人知道自己有自己的精神、心靈，有自己的生命莊嚴。提出這些看法，目的並不是要告訴大家什麼是生命莊嚴，也並非給予人們生命莊嚴，而是告訴大家：每個人自己本來就有生命的莊嚴，不要放棄。

　　生命終究如此，我們不販賣，因為生命莊嚴每一個人都有，我們也沒有多餘的生命莊嚴去販賣給別人，我們只能彼此提醒：我們有著生命的尊嚴。

　　新的倫理，新的未來，我們並不企圖擘畫未來，或架構人類的走向，因為人類的未來，不論往何處去，畢竟都應由人類自己抉擇，我所做的只是指出問題，讓每個即將進入二十一世紀的人類去思惟、抉擇。

結語

　　其實，我們所身處的時間，一直都是前末來。而我們所生活的時光，也一直都是當下，一直都是現在。如何讓我們以現在的生命動力，從過去體悟生命的實相，開啓美麗的願景，歡欣的投入未來的現在，也一直都是我關懷的主體。

　　在全體生命的好與個別生命的好之間，開創極大值，創現無盡的可能，是我生命中最喜樂的事，而我也將生生世世樂此不疲。而這些創作，是成功、是失敗、或是介於成敗之際，對我的後續工作，並沒有太大的影響，而成者是誰，敗者是誰，也沒有太大的關係。可能比較關心的，是不斷的依據現實的因緣基礎，來調整創發美麗的未來吧！

　　我一生遭遇了接近十次的生死關頭，沒想到還能活在適意歡喜中，真的有說不出的滿足與快活。而這樣的活著，有一支筆能夠把自己的看法寫出來，也真感謝大家。我的活著，其實都已是自己的了，因爲這些都是屬於我生命中剩餘的利潤。所以，多活一天多賺一天，真是完全自己的日子，多好的前未來。

　　我本來想活一百三十九歲，因爲我心儀的禪師，像趙州或虛雲，都活一百二十歲，我不好意思比他們先走，只好活久一點，修久一點，代表對他們的敬意。不過後來發生車禍，身體受損嚴重，也少了脾臟，只好大幅向下修正，改爲八十歲。但我母親不同意，她認爲我應可以活一百歲。由於現在每天工作十餘小時，極度用腦，不知會不會計劃有變，還不確定。但這並沒有什麼關係，現在

走了，還是我自己的自在。我總是努力的使自己對生命多一些資產，少一些負債的。

　　未來會變成怎麼；我無法控制，但我有願景。未來的現在變化了，我也早已準備好在未來的前未來中，創發光明。二十一世紀即將到來，我以完整統一的生命投入，沒有迷惑，只有期望，沒有失望，只有再出發。

　　願光明的未來，讓我們共同喜樂。

台北市羅斯福路六段142巷20弄2-3號

大塊文化出版股份有限公司　收

地址：＿＿＿市／縣＿＿＿鄉／鎮／市／區＿＿＿＿路／街＿＿＿段＿＿巷

　　　弄＿＿號＿＿樓

姓名：

編號：SM023　　書名：前未來

讀者回函卡

謝謝您購買這本書，為了加強對您的服務，請您詳細填寫本卡各欄，寄回大塊出版 (免附回郵) 即可不定期收到本公司最新的出版資訊，並享受我們提供的各種優待。

姓名：＿＿＿＿＿＿＿＿＿＿　**身分證字號**：＿＿＿＿＿＿＿＿＿

住址：＿＿＿＿＿＿＿＿＿＿＿＿＿＿＿＿＿＿＿＿＿＿＿

聯絡電話：(O)＿＿＿＿＿＿＿＿　(H)＿＿＿＿＿＿＿＿＿

出生日期：＿＿＿＿年＿＿＿月＿＿＿日

學歷：1.□高中及高中以下　2.□專科與大學　3.□研究所以上

職業：1.□學生　2.□資訊業　3.□工　4.□商　5.□服務業　6.□軍警公教　7.□自由業及專業　8.□其他＿＿＿＿＿

從何處得知本書：1.□逛書店　2.□報紙廣告　3.□雜誌廣告　4.□新聞報導　5.□親友介紹　6.□公車廣告　7.□廣播節目8.□書訊　9.□廣告信函　10.□其他＿＿＿＿＿

您購買過我們那些系列的書：

1.□Touch系列　2.□Mark系列　3.□Smile系列

閱讀嗜好：

1.□財經　2.□企管　3.□心理　4.□勵志　5.□社會人文　6.□自然科學　7.□傳記　8.□音樂藝術　9.□文學　10.□保健　11.□漫畫　12.□其他＿＿＿

對我們的建議：＿＿＿＿＿＿＿＿＿＿＿＿＿＿＿＿＿＿

＿＿＿＿＿＿＿＿＿＿＿＿＿＿＿＿＿＿＿＿＿＿＿＿＿＿＿

＿＿＿＿＿＿＿＿＿＿＿＿＿＿＿＿＿＿＿＿＿＿＿＿＿＿＿

smile 23 前未來

作者：洪啓嵩

繪圖：南魚

責任編輯：韓秀玫

美術編輯：何萍萍

法律顧問：全理法律事務所董安丹律師

發行人：廖立文

出版者：大塊文化出版股份有限公司

台北市116羅斯福路六段142巷20弄2-3號

讀者服務專線：080-006689

TEL：(02) 29357190　FAX：(02) 29356037

郵撥帳號：18955675　　戶名：大塊文化出版股份有限公司

e-mail:locus@locus.com.tw

Printed in Taiwan

行政院新聞局局版北市業字第706號

版權所有　翻印必究

總經銷：北城圖書有限公司

地址：台北縣三重市大智路139號

TEL：(02) 29818089 (代表號)　　FAX：(02) 29883028　29813049

排版：天翼電腦排版有限公司

製版：源耕印刷事業有限公司

初版一刷：1998年 12 月

定價：新台幣 120 元

大塊文化出版公司書目

16	非常壞	Aquarius X 著	
		蔡志忠 繪圖	120元
17	跨世紀投資策略	謝金河 著	280元
18	台灣經濟的苦難與成長	溫世仁	
	(英文版)	蔡志忠 繪圖	180元
19	一生受用的金雞蛋	George S Calson 著	
		楊淑智 譯	280元
20	給我報報 1997 年鑑	三目武夫等著	199元
21	天天都成功	洪啓嵩 著	
		蔡志忠 繪圖	120元
22	第二個命運	Dean Hamer &	
		Peter Copeland 著	250元

catch 系列

01	第五元素 (VCD+彩色精裝書)		
		Akibo 視覺設計	450元
02	叛逆的天空 (散文)	梁望峰 著	120元
03	寂寞裡逃 (散文)	梁望峰 著	120元
04	小茜茜心靈手札 (漫畫)	韓以茜 著	150元
05	The Making of 小倩	徐克 著	特價 700元
06	千女遊魂 (小說)	朱衣 著	150元
08	天若無情 (小說)	梁望峰 著	120元
09	墮落天使 (小說)	梁望峰 著	120元
10	在地球表面漫步 (散文)	張妙如 著	150元
11	全職殺手之一	彭浩翔 著	180元
12	全職殺手之二	彭浩翔 著	180元
13	小明 (漫畫)	歐陽應霽 著	150元
14	光合作用	張妙如 著	250元
15	背著電腦，去歐洲流浪	劉燈 著	280元
16	小小情詩	韓以茜圖／文	150元

大塊文化出版公司 Locus Publishing Company
台北市117羅斯福路六段142巷20弄2-3號
電話：(02) 29357190　傳眞：(02) 29356037
e-mail: locus@ms12.hinet.net
1. 歡迎就近至各大連鎖書店或其他書店購買，也歡迎郵購。
2. 郵購單本9折 (特價書除外)。
帳號：18955675戶名：大塊文化出版股份有限公司
3. 團體訂購另有折扣優待，歡迎來電洽詢。

國家圖書館出版品預行編目資料

前未來＝Long time after…／ 洪啓嵩著；
南魚繪圖 .-- 初版 .-- 臺北市：
大塊文化，1998［民 87］
面； 公分 . -- (Smile；23)
ISBN 957-8468-63-6 (平裝)
1.未來社會
541.49 87014836

LOCUS

LOCUS